百灵鸟在蓝天飞翔

红 雨 ◎ 著

歌唱家

中国出版集团

现代出版社

图书在版编目(CIP)数据

百灵鸟在蓝天飞翔 / 红雨著.——北京：现代出版社，
2013.1 （2024.12重印）
（我的未来不是梦）
ISBN 978-7-5143-1060-3

Ⅰ.①百… Ⅱ.①红… Ⅲ.①音乐家－生平事迹－世
界－青年读物②音乐家－生平事迹－世界－少年读物 Ⅳ.
①K815.76-49

中国版本图书馆 CIP 数据核字(2012)第 292854 号

我的未来不是梦—百灵鸟在蓝天飞翔(歌唱家)

作　　者	红　雨	
责任编辑	张　晶	
出版发行	现代出版社	
地　　址	北京市朝阳区安外安华里 504 号	
邮政编码	100011	
电　　话	(010) 64267325	
传　　真	(010) 64245264	
电子邮箱	xiandai@cnpitc.com.cn	
网　　址	www.modernpress.com.cn	
印　　刷	唐山富达印务有限公司	
开　　本	700×1000　1/16	
印　　张	12	
版　　次	2013 年 1 月第 1 版第 1 次印刷　　2024 年 12 月第 4 次印刷	
书　　号	ISBN 978-7-5143-1060-3	
定　　价	47.00 元	

序　言

这套以"我的未来不是梦"命名的丛书，经过众多编者的数年努力，终于以这样的形式问世了。

此时，恰值党的"十八大"刚刚胜利闭幕，选举出了以习近平同志为首的党中央领导集体。"十八大"报告中对教育领域提出："坚持教育为社会主义现代化建设服务、为人民服务，把立德树人作为教育的根本任务，培养德智体美全面发展的社会主义建设者和接班人。"这使我们编者更感此套丛书生即逢时，契合新时期新要求，意义重大。

我们编写的这套《我的未来不是梦》系列丛书，精选了古往今来的一些重要职业，尤以当下热点职业为重。而"梦想的实现"则是本套丛书的核心。整套书立意深远，观点新颖，切合实际，着眼实用，是不可多得的青少年优质读物。

我们深信，这套丛书必将半随小读者们的生活与学习，而促进他们德智体美全面健康的成长。更使他们对未来充满信心，驾驭着新知识和新科技，驶入海洋，飞向蓝天，去实现最美好的梦想！

目录 CONTENTS

第一章

歌唱的历史与流派

○导读○

　　倘若这个世界没有了歌声，会变成什么样？像天空没有飞翔的鸟儿，江河湖海没有遨游的鱼儿，大地没有五颜六色的花儿，一切都将喑哑沉寂，黯然失色。庆幸的是，无论欢乐还是忧伤，也无论富有还是贫穷，我们都可以用歌声尽情地表达情感，抑或把心门打开，静静地聆听那些美妙的天籁般的歌声。

■ 遥远的歌声

　　歌唱的历史有多久远？我国的歌曲艺术早在原始社会就已经形成和发展，往往与生产生活密切相关。比如关于劳动生产的有传说中的"网罟之歌"、"扶犁之歌"。当然少不了歌唱爱情的，这种圣洁的情感，更需要用歌唱这种形式来进行表达。我国有文献可考的最早民歌，是《吕氏春秋·音初篇》中记录的"禹行功，见涂山氏之女。禹未之遇，而巡省南土。涂山氏之女，乃令其妾待禹于涂山之阳。女乃作歌曰：候人兮猗！实始作南音"。

　　相传，涂山氏之女名叫攸女，是大禹的夫人，她在大禹巡行时爱上了他。但大禹忙于政务，两个人很快就分别了。据说，大禹治水三过家门而不入，十年的光景没有看见她。攸女思念心切，便作了一首歌表达自己内心的思念之情。这首歌只有短短的四个字"候人兮猗"，意思是说"等你呀，盼你"。涂山氏女应该是中国最早的一位唱出南音恋曲的女诗人和歌唱家。这首歌情深深，意绵绵，很鲜明地将南地诗歌风格突显出来，对诗歌风格的区分和研究具有重要的史料价值。

　　在封建社会，我国的歌曲艺术经历了诗经、楚辞、乐府、绝律诗、词曲等的发展和演变。早期的音乐形式为乐舞和歌唱。乐舞是"乐、舞、诗"三位一体的综合艺术，在古代的社会活动、宗教礼仪中是重要的艺术形式。而诗的部分是歌唱。这样看来，歌唱是乐舞的一个组成部分，在人们祭祀、祈祷时起到表情达意的作用。

　　在古代，诗和歌是不分家的。《诗经》是我国最早的一部歌曲总集，共收集了305首歌诗作品，通称"诗三百"，收入了从西周初期到春秋末期500

年间的歌曲。它记载的都是当时人们演唱的歌曲，包括风、雅、颂三大类。风，即民歌。"采风"就是收集民歌，统治者通过收集来的民歌观察社会民情。风包括 15 个诸侯国的民歌，共 160 篇，大多是今天陕西、甘肃、河南等地的古代歌谣。它反映的都是劳动人民的疾苦和喜怒哀乐，有的是口头相传，也有一些诅咒统治阶级的谶语；雅，是贵族阶层的作品，主要用于仪仗队、宴会、婚庆等活动中，共计 105 篇；颂，是特殊场合及庙堂之上所唱的祭歌。《诗经》歌曲主要在上层社会流行，用琴或者瑟来伴奏，因此称作"弦歌"。

《楚辞》中《九歌》《离骚》《天问》等诗都是可以入歌的优雅之作，而且习用"兮"字作为衬词。比如《九歌·少司命》中唱道："秋兰兮麋芜，罗生兮堂下。绿叶兮素枝，芳菲兮袭予。夫人兮自有美子，荪河以兮愁苦？"古人祭祀时通常是青年男女在郊外谈情说爱之时，这首《九歌·少司命》就是一首爱情歌曲。歌词大意是：秋天的兰草和麋芜，遍布堂下的庭院中，绿叶百花，香气袭人啊！你看人家都有各自的爱人，你为何这般忧心忡忡。而在《招魂》中，招魂者以一种特殊的歌唱方式将人的魂魄招回，这是歌与诗的结合。

遗憾的是，由于记谱法晚于音乐的产生，我们无法复原古代诗歌的旋律，除了个别由七弦琴传承下来，如《胡笳十八拍》之类可供参考，其余的只能从民间传说以及诗词的节奏中寻觅其踪影，在想象中体味"余音绕梁""响遏行云"的美妙意境了。与中国古代一样，西方早期的曲谱几乎没有记载，流传下来的古希腊音乐资料极为罕见，幸存的 45 件乐谱也是残缺不全，我们只能通过戏剧、哲学、绘画、雕塑等形式和作品进行考证。

古希腊是西方文化的发源地，古希腊以爱琴海为中心，包括希腊半岛、爱琴海中的岛屿、小亚细亚半岛西部的地区。爱琴文明似一座灯塔照亮了整个西方，而歌唱在古希腊文化中占有极其重要的地位。

西方音乐最早的文献记载是从《荷马史诗》开始的，相传是盲诗人荷马所作。它包括两部大型史诗《伊利亚特》和《奥德赛》。在古希腊，音乐和崇拜的神有关。英语 Music（音乐）一词就源于希腊神话中的 Muse（缪斯），传说她是天神宙斯和记忆女神生的九个女儿，是古希腊神话中科学、艺术女神的总称，掌管着文学、戏剧、音乐等文化活动。

人们经常在宗教仪式或是正规的典礼上唱颂歌,如供奉诸神时要用颂歌表达敬意,举办奥林匹克竞技运动时也要用颂歌祝贺获胜者。

■ 探索中的歌唱艺术

告别了远古,现在我们回过头来再说到中国。因为到了唐宋时期,工尺谱逐渐完善,当代歌谱才得以流传。大家熟悉的唐代大诗人白居易也是一位伟大的音乐家,它曾针对歌唱阐述过自己的见解:"乐者本于声,声者发于情,情者系于政。盖政和则情和,情和则声和,而安乐之音由是作焉。"目前我们知道的唐代歌曲有《风雅十二诗谱》。

宋元时期,歌曲艺术蓬勃发展,歌曲形式及演唱风格呈现多样化。宋代科学家沈括的笔记体巨著《梦溪笔谈》中也阐述了歌声如何才能动听,其中谈到吐字和声音的融合。

南宋词人姜夔精通音乐,他创作的《白石道人歌曲》是词体歌曲,注有旁谱,是流传至今的唯一完整的南宋乐谱资料,也是最早由作曲家自己写定的当代乐谱。姜夔的词大都是对个人身世的悲吟,韵味清冷悠远。代表作有《扬州慢》《暗香》《杏花天影》等。

元代以来的歌曲大都保留在戏曲曲艺中。这一时期,诞生了中国现存最早的声乐论著——《唱论》,由燕南芝庵所著,作者真名不详。这部著作在总结前人成果的基础上,系统全面地介绍了歌唱的方法和节奏。关于气息的使用、乐感的把握、旋律的美感等问题都有详尽的论述。

清代的名医徐大椿(1693—1771年)在声律、歌唱理论方面也是一位精通者。在这部书里,他集中论述了戏曲声乐艺术。提出表演者应声情并茂,且以"情"为主。书中提到五声、四呼、归韵、收声等发声技巧的理论,对民族声乐演唱技巧有着重要的启示作用。

中世纪的欧洲(约公元476年—公元1453年)被很多人称为"黑暗时

代"。这种说法是从政治角度来说,而音乐从未停止前行的脚步。由于基督教占了统治地位,因此,宗教音乐在这一时期得到了最大限度的发展。罗马教皇格里高利一世确立了"教堂格调",历史上称为"格里高利圣咏",他还创办了罗马歌唱学校,这是历史上记载的最早的歌唱学校。这种音乐对后来的作曲家莫扎特、李斯特、柏辽兹等人产生了深远的影响。

11—13世纪末,十字军东征带来东西方文化的碰撞融合。世俗音乐与宗教音乐并驾齐驱,出现了"游吟诗人的歌唱",歌颂田园市井、宫廷爱情和宗教题材,并采用副歌形式演唱。到14世纪涌现出一批"名歌手",他们在演唱时喜欢"加花",使歌曲花样翻新。世俗音乐与宗教音乐并非完全对立,他们的渐趋融合也使歌唱在形式上有所发展,"新艺术"派应运而生。一些激进的音乐家都乐于把自己归于这个行列。德国的保罗·贝克在《音乐简史》中提到"新艺术"时概括为以下几个特点:伴奏声部被加入主题音乐;处理伴奏和旋律更加自由;乐谱更加灵活丰富。也有音乐家认为,"新艺术"是指文艺复兴时期意大利和法国的音乐。说到文艺复兴,这一场伟大的思想文化运动势必在音乐领域产生深刻影响。

■ 黄金时代的到来

文艺复兴时期,世俗音乐得到了长足的发展。16世纪各国更注重具有本民族特色的世俗音乐,其中以法国的歌谣曲和意大利牧歌为代表。戏剧的发展也为歌剧奠定了基础。和声体系的出现,复调音乐的运用,以及器乐的高度发展和音乐理论体系的完善,这些都为歌剧新体裁的产生提供了充足的条件。

16世纪70年代,意大利佛罗伦萨的一些诗人、戏剧家、歌唱家、作曲家经常举办文艺沙龙,这些贵族青年在客厅里讨论音乐艺术,历史上称为"佛罗伦萨艺术集团"。1597年,艺术集团在佛罗伦萨公演了诗人努尼里奇作

词，佩里作曲的《达芙妮》，标志着歌剧的诞生。但当时还没有"歌剧"一词，这部作品也未能保存下来。直到 17 世纪中后期，确立了音乐在歌剧中的中心地位。威尼斯歌剧乐派的卡瓦利首次提到"歌剧"，指抒情性的音乐戏剧。

意大利歌剧的蓬勃兴起带来了歌唱艺术的黄金时代，即美声唱法的出现。意大利文 Bel canto 的真正含义是"完美的歌唱"，体现声音的华丽优美，咏叹性的风格和高难度的演唱技巧。"完美的歌唱"不仅包括声音，它还应该包括歌唱的内容及歌唱者的风度、仪表、气质等，而不应是单纯的声音表现。

有一个特殊的群体对美声唱法的普及和传播起到了推波助澜的作用，这就是阉人歌手。阉人歌手最早出现在 16 世纪中叶，当时由于女性无法参加唱诗班，也不被允许登上舞台，梵蒂冈的西斯廷教堂首先引入了阉人歌手，他们占据了合唱中女声部位置。这些歌手具有黄金般的嗓音，然而他们的优势并非与生俱来，那些嗓音清澈洪亮的男童，在进入青春期前通过阉割手术来改变他们发育后的声音，因为体内的性激素发生变化，他们的声道会变窄，有利于音域的扩张，加上巨大的肺活量和声理体积，使他们拥有超过常人 3 倍的非凡嗓音。在 17、18 世纪，歌剧大都没有剧情，观众进入剧场就是为了欣赏阉人歌手华丽的嗓音以及他们的炫技，这在今天看来是完全不可思议的。

那不勒斯王国当时颁布一条法律，允许每一家有四个男孩的农民家庭可以把其中一个男孩奉献给上帝。那不勒斯简直就成了阉人歌手"产业"的供应工厂。历史上最有名的阉人歌手就是那不勒斯的法里内利（1705—1782）。他 25 岁便名扬天下，以其精湛的歌技和高尚的品德得到西班牙国王腓力五世的赏识，并在宫廷供职、参与西班牙的外交事务。今天的我们无缘亲耳听到他美妙的声音，但由意大利、比利时、法国合拍的电影《Farinelli》（中文译为《绝代妖姬》），却让我们获得一些关于他的信息，这部影片曾获得金球奖最佳外语片。当然，所有的演唱都是通过电脑制作合成，其曼妙卓越的演唱已永远地尘封在历史的记忆里。阉人歌手在舞台上活跃了 250 年，直到德国音乐家格鲁克（1714—1787）的伟大改革，才结束了阉人歌手的时代。

格鲁克是德国巴洛克音乐晚期的大师,大提琴演奏家,也是近代歌剧的先驱和革新家。他强调歌唱的内在表现力,摒弃与剧情无关的装饰性花腔,是歌剧发展史上的一个里程碑,对莫扎特以及后世的歌剧创作产生了重要影响。

格鲁克之后,莫扎特(1756—1791)的歌剧作品实现了诗词与音乐的完美结合,其歌剧具有明朗、典雅、流畅的风格,代表作是《费加罗婚礼》;而以交响乐闻名天下的作曲家贝多芬却终生致力于歌剧,他唯一的一部歌剧作品《菲岱里奥》先后修改了18次,成为歌剧史上的名篇。

19世纪对歌剧演唱方法产生重大影响的是意大利作曲家威尔第(1813—1901)和德国的瓦格纳(1813—1883)。威尔第在古典作品含蓄、细腻的基础上加入了奔放、华丽的元素,丰富了古典音乐歌唱的表现力。其代表作《弄臣》《茶花女》至今还是世界各国歌剧演唱家的首选曲目。

瓦格纳的歌剧结构严谨、规模宏大,对演员的要求极高。它的主要作品有《漂泊的荷兰人》《尼伯龙根的指环》等。

19世纪,一种新的体裁开始与歌剧分庭抗礼。这就是以德国和奥地利的作曲家舒伯特、门德尔松、舒曼、勃拉姆斯为代表艺术歌曲的兴盛。艺术歌曲的叫法是中国作曲家萧友梅对英文和德文的翻译,具体说来是指音乐与诗歌的完美结合,是浪漫主义抒情诗和浪漫主义音乐的交融。舒伯特的《鳟鱼》《魔王》,舒曼的《妇女的生活与爱情》、门德尔松的《乘着歌声的翅膀》等歌曲成为传世经典。

歌剧和艺术歌曲的传播也给中国歌曲带来巨大影响。早在乾隆年间就在宫中上演了第一部西洋歌剧《切齐娜》,由当时的传教士引入。洋务运动失败后,康有为、梁启超倡导"维新变法",清政府于1907年颁布学堂章程,乐歌课正式成为课程的一部分。沈心工(1870—1947)的《昨夜梦》,李叔同(1880—1942)的《送别》《春游》《早秋》为代表的学堂歌成为早期的中国艺术歌曲。其中,以李叔同的《送别》最为经典,流传至今。他将美国人奥德威(1824—1880)作曲的《梦见家和母亲》一歌重新修改、填词,使其更适合中国人的欣赏口味。后来在电影《城南旧事》中将它作为主题歌,多少

年过去了，那优美深沉、婉转低回的旋律一直萦绕在人们心头。

"五四"时期，在新文化运动的推动下，萧友梅、赵元任、黎锦晖等人创作了一批优秀的艺术歌曲儿童歌舞曲。一些作品体现了反帝反封建的要求，在艺术上也有新的创造。

1920 年以后，俄国歌唱家苏石林将意大利美声唱法引进到中国。十月革命后，苏石林逃亡到哈尔滨，后又到上海音专，被聘为声乐教授。后来在中国享有盛誉的声乐大师中，很多是苏石林的嫡传弟子，比如沈湘、周小燕、高芝兰、温可铮教授。

萧友梅(1884—1940)先生是中国现代音乐史上开基创业的一代宗师、现代专业音乐教育的开拓者与奠基者，为中国音乐文化的建设与发展做出了不可磨灭的贡献。他在上海创办了中国第一所专业高等音乐学府——国立音乐院。他一生创作了百余首歌曲，以《问》最为著名，表达了对于军阀混战、山河破碎的祖国深沉的忧虑。同一时期刘半农词、赵元任(1892—1982)作曲的《叫我如何不想他》、青主(1893—1959)的《大江东去》《我住长江头》；黎英海(1927—2007)改编的古曲《阳关三叠》《枫桥夜泊》《渔光曲》(安娥词、任光曲)都成为中国艺术歌曲的典范。

1927 年大革命失败后，创作歌曲一度沉寂，但在井冈山等红色根据地兴起了群众音乐运动，产生了很多工农红军歌曲。比如《十送红军》《红军阿哥你慢慢走》《八月桂花遍地开》《送郎当红军》等。今天踏上井冈山这片红土地的人们依然能从这些歌声中回望峥嵘岁月，在历史的回音壁中感悟幸福的真谛。

1931 年"九一八"事变爆发，日本军国主义的侵略造成民族危机感的空前高涨。伴随着抗日救亡运动，出现了群众性的救亡歌咏活动，通过音乐表达抗日的心声。聂耳、冼星海为代表的革命音乐家创作了大批救亡歌曲，受到广大群众的热烈欢迎。在进行曲方面具有开拓性的作品有《毕业歌》《新女性》《开路先锋》《义勇军进行曲》；而《飞花歌》《塞外村女》则是抒情风格的歌曲。

在救亡歌咏活动中，还有《大刀进行曲》(麦新词曲)、《到敌人后方去》《冼

星海曲)、《游击队歌》(贺绿汀词曲)等进行曲风格的歌曲。它们是战斗的号角,鼓舞着中国人民浴血奋战。1942 年 5 月,毛泽东《在延安文艺座谈会上的讲话》发表后,涌现出大批新歌曲样式,如表演唱、说唱叙事歌曲、联唱等。

1945 年延安鲁迅文艺学院创作了歌剧《白毛女》,因为这部剧反映了底层贫苦人民的生活,所以与西方的歌剧有所不同。它是我国第一部具有较高思想性和艺术性的大型新歌剧,对推动发展我国新歌剧起到里程碑作用。20 世纪 50、60 年代,一批民族歌剧相继问世。比如《小二黑结婚》《洪湖赤卫队》《江姐》。

中国歌剧经历了几代歌唱家的再度创作,在唱法上也不断探索和发展。以《白毛女》为例,老一辈艺术家王昆饰演的第一代喜儿用土嗓演唱,而到了声乐教育家郭兰英登台时,用的是戏曲唱法,到了年轻一代的歌唱家彭丽媛,则是在民族唱法的基础上加入了美声唱法的诸多因素。土洋结合、中西合璧的方法也说明,歌唱也在随着时代和大众欣赏口味的改变而与时俱进。2008 年《江姐》复排时,则将美声、民族、通俗唱法同时用在一部剧中,这也是一次大胆的尝试和创新。

建国后,广大音乐工作者深入基层,到各地采风,收集、改编、整理了不少民歌。每年的音乐大赛和评奖活动也催生大量音乐作品和新人出现。在党的十一届三中全会精神指引下,音乐家们不断解放思想、改革创新,大胆吸收世界各国音乐和文化精髓,形成多种音乐形式并存的格局。美声、民族、通俗、民通、摇滚、原生态等唱法风格各异,彰显其独特魅力。

■ 中国的民歌

民歌是我国传统文化中的瑰宝,它起源或流行于百姓中间,始终伴随人民的生活,表达人民的喜怒哀乐及理想愿望。民歌一般是口头创作,口口相传,在流传的过程中不断经过集体的加工,他们调式古老,语言淳朴,

具有强烈的现实性。

我国历史悠久,幅员辽阔,民族众多。千百年来,民歌栩栩如生地唱出不同时代、不同地域、不同民族的风土人情,呈现着多姿多彩的风貌。

我国民歌有多种分类法。按体裁形式分类可大致可分为号子、山歌、小调、舞歌、风俗仪式类。在有些学者的论著中将民歌细分为号子、山歌、牧歌、田秧歌、船歌、童谣、小调、风俗仪式歌曲等;按内容大致可分为:反映社会矛盾和阶级斗争的;反映生产劳动的;反映爱情婚姻的;逗趣益智的;传说故事、风景名胜以及人物的。

从风格色彩来看,各民族都有自己本民族的民歌。一些人数较多、居住地域较广的民族,如汉、蒙古、藏、壮、维吾尔、哈萨克等族,还可根据其不同地区民歌的音乐特色划分为若干色彩区。如汉族民歌大致可分为西北、华北、东北、西南、江浙、闽粤台、湘鄂、江淮八个色彩区。但分法不一,各有说法。

从唱法上分为民族唱法和原生态唱法。自从中央电视台青年歌手大奖赛设立了原生态唱法的奖项,也挖掘和推出更多的原汁原味的民歌,演员都是来自民间的歌手,他们边舞边唱,各领风骚,令观众大开眼界。

中国的民歌浩如烟海,它们也是音乐家创作的不尽源泉,我国很多优秀的词曲作家和歌唱家常年深入少数民族地区采风,向民间老艺人请教,向淳朴的民风学习,积累了丰厚的音乐素材,创作出具有浓郁民族风味的、生命力持久的佳作。当我们陶醉于美妙的歌声中时,不要忘记艺术家们的辛勤劳动。

以上,我们对歌唱的历史和流派进行了粗略的梳理和蜻蜓点水式的介绍。在本书中我们通过四十多个中外歌唱家的小故事讲述他们不平凡的艺术经历,让大家了解歌声背后鲜为人知的故事……

● 智慧心语 ●

没有音乐，生命是没有价值的。

——尼采

音乐教育并不是音乐家的教育，而首先是人的教育。

——苏霍姆林斯基

对美的感知和理解是审美教育的核心，是审美的要点。

——苏霍姆林斯基

没有早期音乐教育，干什么事我都会一事无成。

——爱因斯坦

音乐是比一切智慧、一切哲学更高的启示。谁能参透我音乐的意义，便能超脱寻常人无以自拔的苦难。

——贝多芬

第二章

小荷才露尖尖角

郭兰英

◦导读◦

　　细数成名的歌者,大抵从小就狂热地喜欢上了某个艺人某种唱法,为此不惜苦心智,劳筋骨,挖空心思去追随求索。一路上当然需要外力的助推——恩师们的倾囊相授。所以,珍惜那灵光一现的爱好火花,抓住那稍纵即逝的冥冥感觉,就是成功的开始。在爱好主宰下,你的工作随心所欲,事业心想事成,生活神闲气定。

■ 最香最美的兰花

山西省是山西梆子的发源地。北路梆子、上党梆子、中路梆子、蒲州梆子精彩纷呈。在山西，古老的戏台比比皆是，那儿的老百姓他们不但爱看、爱听，而且好多人都能唱上几口。

平遥县村口的老榆树下，一位老汉正津津有味地唱着："奴的姐姐一枝花，小奴家的名儿叫六月香。"凤儿和哥哥砍柴回来路过这里，听到这歌声就迈不动步了。哥哥着急回家，一个劲儿拉她走："凤儿，快走吧，娘该着急了。"

"哥，让我听一会儿，让我听一会儿吧。"

老汉一曲罢了，凤儿缠着他教歌"羊成爷，你就教我吧。"

旁边卖小吃的大叔笑着说："凤儿，你小小年纪会唱啥呀？"

凤儿不服气地说："我会唱，我还教给咱村的小伙伴呢，不信你去问二肩他们。"说完真的唱起来："家住在太谷城，鼓楼东面有家门，小奴家名儿叫田秀英，苦命的人……"引来大家伙啧啧称赞。

晚上，妈妈在油灯下补衣裳，凤儿还在炕上边比画边唱。

妈妈说："凤儿，睡吧。"

凤儿躺在炕上，睁着大眼睛："妈妈，你说人要是唱着过一辈子该多好。"

"唱着过一辈子？唉，一个女孩家，疯啊闹啊，能玩几年？长大后还不得嫁人，伺候男人照顾娃。"

"那我嫁人就给我男人唱，有了娃就给娃唱。"

这天，村里来了好几家唱戏的，凤儿爬到大树上看戏，不一会儿，台下人觉得演得不过瘾，一哄而散，可把树上的凤儿急坏了。小姑娘干脆在树上扯开嗓子唱起来，大家循声望去，发现是个七八岁的孩子，有人说："这是谁家的闺女，唱得真好啊！"还有人带头叫好。

凤儿因为歌唱得好在村里已小有名气。一天，她在河边给小伙伴们表演时被同村的任苟发现，他认为凤儿是个好苗子，便来家里劝凤儿妈："老嫂子，我看凤儿模样俊俏，嗓子好，如果送到戏班里学戏，将来保准能唱红。到时候穿金戴银，吃香的喝辣的，您老等着享福吧。"妈妈看凤儿这么喜欢唱戏，只好忍痛割爱把她送到太原的戏班学戏。

戏班的老板娘听凤儿唱了一段《打金枝》和太谷秧歌，说："这孩子我收了！"她和凤儿妈签下契约，头三年学习不许回家，第四年谢师，登台表演。分别时，凤儿和妈妈哭得撕心裂肺，一想到从此天各一方，四年不得相见，凤儿妈心都碎了，她死死拉住凤儿的手，直到戏班里的人把她们母女分开。

师娘把凤儿叫到跟前，威严地说："将来你要唱戏，得叫个响亮的名字。以后别叫凤儿了，我给你起个新名，就叫郭兰英吧。我的两个女儿都泛英字，你叫兰英，因为兰花最美最香。你喜欢吗？"

兰英怯生生地回答："喜欢。谢谢师娘。"

"以后不许叫师娘，叫妈！"

到了戏班，学徒都得从伺候人开始，郭兰英每天早起拿着比她还大的扫帚扫院子，还要洗衣服，干杂活，伺候大师姐月英演出。她经常望着上了妆的月英出神，梦想着自己有一天戴上行头扮上妆，在舞台上风光亮相。常言说："打戏，打戏，不打不成戏。"她从劈叉、倒立、翻跟头练起，瘦瘦的胳膊腿支撑不住，挨打受骂是常事。为了能唱戏，小兰英什么苦都能吃。师傅教别人唱戏，她就边干活边偷艺，天资聪慧的郭兰英从小就跟老艺人学唱山西梆子、太谷秧歌，对音乐感悟力非同一般，她比上课的二位师姐学得都快，惹得教戏的师傅好生喜欢。

三年很快过去了，郭兰英出落得亭亭玉立，唱念做打技艺娴熟。她开始和大师姐同台演出，海报上端端正正写着郭兰英的名字。她主演"压轴戏"《火焰驹》,连续演出,场场爆满,轰动了省城。郭兰英渐渐有了名气,大师姐月英一心想出嫁,无心演戏,师娘无奈只好把更多的心思和金钱花在郭兰英身上。兰英扮相俊秀,唱腔甜美,成了当地名角儿。为了躲避警察局长的纠缠,戏班子连夜逃走,辗转到张家口。她精湛独特的演技,令同行折服,成了戏迷心中的红角儿,其名声传到百里之外。

打骂受罪无饥饱,苦水泡出真名角。郭兰英在戏班子受尽了师娘的折磨,虽然远近闻名,却仍然是班主的"摇钱树"。1946 年 10 月,解放军进驻张家口,郭兰英第一次观看了民族歌剧《白毛女》,内心引起强烈激荡,饱受磨难的她最大的愿望就是有朝一日自己能表演《白毛女》。

在中共张家口市委工作组的帮助下,她毅然加入了华北联合大学文艺工作团,投身革命,彻底摆脱了苦难,攀登崭新的艺术高峰。

逐梦箴言

苦难是人生中一笔宝贵的财富。年少时就饱尝人间疾苦的人定会受到上天的格外眷顾,因为收获的果实经由百种滋味炮制会发酵成最香甜的味道。所以,不要抱怨,不要放弃,走过去前面是个天。

知识链接

太谷秧歌

太谷秧歌是晋中盆地以祁县、太谷为轴心的乡土小戏,是民间自编自演的小曲、杂说、歌舞、戏曲的综合体艺术。它以农村生活故事、民间习俗、传闻轶事等为题材,以优美的曲调和表演形式,真实地反映人民生活,深受广大人民的喜爱。

我的未来不是梦

■ 追随老艺人的小姑娘

2006 年，山西左权县民歌《开花调》被列入"国家非物质文化遗产"名录，而作为终生从事左权开花调演唱的歌唱家刘改鱼在三年后被文化部评定为国家级非物质文化遗产的代表性传承人。

刘改鱼是刘家的长女。她出生那天哭声特别大，爷爷问："生了个啥呀？"家人说："女孩儿！"爷爷说："女孩也好啊！这孩子嗓门这么大，将来能唱戏。"爷爷随口说出的一句话竟成为了最美好的预言。

左权县是民歌的海洋，开花调、小花戏等歌舞丰富多彩。刘改鱼刚会说话就听邻居的大娘、婶婶们哼歌。正月十五闹红火，男女老少都走上街头看戏，刚刚一岁多的小改鱼被爸爸和爷爷架在肩头，神气地左顾右盼，不时跟着咿咿呀呀地唱，玩到很晚全无困意。再大点儿，只要村里有戏班和民间团体来演出，她的心随着锣鼓就飞了，挤到人堆里看戏，听得入迷经常忘了回家，吃晚饭时妈妈找不到她急得到处喊。因为这，小改鱼没少挨数落："出去看戏也不告诉大人一声，家里人多着急呀！"改鱼嘴上答应，可一听上戏就迈不动步。饭可以不吃，觉可以不睡，就是不能误了看戏。

六七岁时，刘改鱼参加了村里的演出队，课余时间和大人们一起演戏。当时刚解放，她唱的第一出戏就是"分了田，分了地，分了一件大棉袄，俺还分了一顶老虎帽……"通过演戏，小改鱼认识了一位著名的民间女艺人郝玉兰，她会唱很多民歌。改鱼的学校离郝玉兰的村大概七八里路，放学早了她就跑到老艺人家里，帮着担水、扫院、搓麻绳，一边干活一边学民歌，有

时住在郝玉兰家。

郝玉兰不仅教给她《马莲开花》等左权民歌，还带她拜访了当地有名老艺人程计年。程计年常年在外赶牲口，会唱很多民歌小调，但他不太情愿教刘改鱼唱民歌。因为左权开花调大都是唱情啊、爱啊、相思啊，小姑娘唱这些歌有失体统。左权县是个极其闭塞的地方，自古"商贾不至，车舟不通"，人们的观念更是保守陈旧，所以，程计年心有顾虑。但人家都来了，也不好不教，他在自家院子里唱起了《桃花红，杏花白》，当唱到"锅儿来你就开花，下上来你就米，不想旁人单想你，呀哈呀呀呆"时，他老婆故意咳嗽了一声，吓得他吐了吐舌头，小声说："人家不让唱，晚上要骂我呀！"程老师不敢再唱，可小改鱼还没听够呢，多好的民歌啊！她并不灰心，看见程计年的侄女推碾，她就去帮忙。中午在郝玉兰家吃过饭，她说："不行，我还得找他教我唱歌。"下午她找到程计年问："叔叔，你下午干啥？""我去沤麻。""好，我帮你。"程计年抱了一大捆麻，她抱了一小捆，到河边沤上。刘改鱼还跑到附近的供销社，花六分钱给程计年买了两盒"顺风"烟，这是爸妈平时给她买食品的钱，她用来孝敬老师。老艺人被这个聪明、勤快、执着的小姑娘打动了，坐在麻池边唱起来，刘改鱼就跟着唱。刘改鱼学会了这首歌，有心的姑娘还用小本子将几段歌词记下来，并唱给县文化馆的杨凤鸣馆长和会记谱的周左峰老师，使这首歌得以保留下来。

1955 年，刘改鱼被县文化馆推荐参加地区文艺汇演，她凭借《建立民兵队》《红都炮台》等歌曲一鸣惊人，又被送到省城太原演出，结果当她演唱《土地还家》《桃花红，杏花白》时，台下爆发出雷鸣般的掌声，刘改鱼再次被送到北京参加全国的音乐舞蹈汇演，她把开花调带出了太行山区，让更多的观众了解了左权民歌，成为山西音乐史上一位重要的人物。

热爱是最伟大的老师。一个不谙世事的娃娃因为单纯的喜爱可以废寝忘食、绞尽脑汁地学习民歌,如果没有强烈的求知欲望是做不到的。尊重这份热爱并一生坚守,将会得到人世间最美的馈赠。

知识链接

刘改鱼

刘改鱼,著名山西民歌演唱家,山西省歌舞剧院一级演员,中国音乐家协会会员。1939 年生于山西省左权县。左权县被誉为山西民歌之乡,她自幼酷爱民歌和左权小花戏,拜师求教,悉心学习。自幼积累下《桃花红,杏花白》《亲圪蛋下河洗衣裳》《门搭搭开花不来来》等多首民歌。

开花调

开花调属"山歌体",因所有唱词一律以"花"为中心,以"开花"为比兴,故称开花调。

更为独特的是,所谓"花",不仅有植物之"花",更有各类日常用具、物品之"花",如"门搭搭开花扑来来,门外走进哥哥来"、"玻璃开花里外明,远远照见俺圪旦儿亲""油灯灯开花一点明,小酒盅挖米不嫌你穷"等等。这些民歌构思精巧,语词新颖,为广大民众所喜闻乐见。此外,歌中用本地方言所构成的衬词衬句都堪称一绝,如"啊咯呀呀呆""亲咯蛋儿""亲呀咯亲呀么呆呀咯呆"等,都极好地凸显了浓厚的地方色彩。

■ 无悔少年时

金勇是吉林人民的骄傲,他以自己激情高亢的歌声赢得了国家大剧院的演出邀请,成为吉林省第一位登临国家大剧院这个中国顶尖级演出殿堂的声乐歌唱家。

现在,后缀在金勇名字后面的荣誉可以说是不计其数,可他仍旧像初踏求学路上那样谦逊和勤奋。金勇永远忘不了,谦逊和勤奋是如何陪伴他从大山深处一路走来的。

出生在大山深处的金勇,家中有13个兄长和姐姐,作为最应该受到宠爱的老幺,金勇并没有享受到更多的天伦之乐。父母在他年纪尚小的时候便相继离开人世,哥哥姐姐当时也陆续成家,生活此刻留给金勇的是无限的迷茫和孤寂。

对于那个时候的金勇来说,童年最快乐的时光,就是坐在土堆上,听村里的大喇叭广播。那个圆筒式的喇叭里,总会传出一曲又一曲嘹亮动听的红歌,听着听着金勇就陷入了沉醉。

金勇现在每次回忆起当时的情景,内心都会很澎湃,虽然那个年代的农村条件非常艰苦,可他是在最好的音乐启蒙下,开始寻找到人生目标的。那时候金勇听到的歌,都是关牧村、李双江、蒋大为等艺术家演唱的,现在想来都觉得美得不得了,这可是中国大地上最好的音乐滋补啊。

听着这些名家的歌曲长大,金勇渐渐已经不再满足于耳朵的享受,他常常在发呆的时候琢磨着自己能不能唱出这样的歌声。想象着自己拿着

我的未来不是梦

麦克风高声歌唱的时候,他总会偷偷地笑出声来。

要把梦想变成现实,金勇开始行动了。放牛的时候,他在大山里放声歌唱,听着山对面的回声,他兴奋得都会跳起来。太美妙了! 音乐的回荡竟然如此有趣。金勇喜欢这样的氛围,于是,他日后的放牛生涯再也没有离开过歌声。平常休息的时候,金勇不能肆无忌惮地高歌,所以他就只能欢喜地哼唱着。

尽管每天都可以如自己所愿地唱歌,可金勇根本弄不清楚自己唱得到底好不好。由于生活环境很闭塞,金勇不知道应该去哪里请人指教。

一次偶然的机会,金勇得知家乡蛟河煤矿有一位男高音歌唱家,于是他骑着自行车迫不及待地去拜访。在崎岖的山路里,金勇玩命地蹬着车,可还是骑了四个多小时才到达目的地。

这次会面对于金勇来说,是一次人生的转折。他来回路上差不多搭了将近一天的时间,可歌唱家却仅仅跟他聊了 20 分钟。虽然时间不长,谈话内容也没有涉及到更多音乐学习的实质内容,但金勇还是在这里找到了巨大的差距。

金勇觉得自己在大山里喊唱一辈子,或许也还是这个水平,所以他要走出去,去看看外面的世界,学到属于自己的本事。就这样,十几岁的金勇背着行囊离开家乡,来到了眼中很繁华的延吉市。

来到延吉市的金勇傻眼了,这里声乐学习一个小时的学费是 7 元钱,可他身上除了往返的路费,却再也拿不出一分钱。怎么办? 音乐梦想之路就这样夭折了吗? 金勇很不甘心。

思来想去,金勇决定去城市附近的煤矿打工,因为那里的日工资看起来是最为诱人的。就这样,年仅 16 岁骨瘦如柴的金勇开始了煤矿工的生活。他每天早晨六点钟下矿井,用自己稚嫩的肩膀一筐一筐地往外背矿煤。有多少次,原本营养跟不上的他几乎都要昏厥在烈日之下,可他仍然咬着牙坚持,为了一天 5 块钱的日工资。

直到有一天,年轻的金勇刚刚背上来一筐煤,便听说煤矿底下塌方,与他并肩战斗的几名矿工再也无法上来的时候,金勇的心被撕扯得疼痛无比。

他离开了矿井，带着他每天挣不来一小时课程的微薄工资，再次回到延吉市求学。

延吉市当时名气相当大的郑从文老师，被这个年轻人执着的精神打动，于是收下了这个徒弟，成为了金勇音乐发展道路上第一位引领他的恩师。

敲开了第一位恩师的大门，金勇便开始了真正意义上的声乐学习，怀揣冉冉升起的梦想，他终于跨出了第一步，那一天他快乐得整夜未眠。

看到今日舞台上华彩熠熠的金勇，谁能想象得到当初为了追求梦想，他曾在煤窑下面经历过那暗无天日的生活呢？可金勇确确实实就这样做了，正是他的这种无悔坚持，才换来了今天的不朽光辉。

逐梦箴言

吃得苦中苦，方为人上人。命运不是不可更改的方程式，只要我们敢于挑战，敢于求索，那么终究会迎来命运向我们低头致意的那一天。

知识链接

金勇

金勇是朝鲜族男高音歌唱家，国家一级演员。现任东北师范大学声乐系教授，硕士生导师。全国"孔雀杯"少数民族歌手大赛金奖；两度荣获朝鲜国际艺术节个人金奖；中国文化部主办的全国声乐大赛三次荣获金奖。曾多次代表国家文化部、吉林省文化厅出访加拿大、韩国、日本、朝鲜等地演出。曾被世界指挥大师保罗·内德勒评价为"世界上难得的激情男高音"。

我的未来不是梦

■ 爱心滋养下的格桑梅朵

站在CCTV青年歌手电视大奖赛的领奖台上,年轻的藏族歌手泽旺多吉内心百感交集,他盼望已久的成功来了,他真想深情地拥抱一下恩师孟玲,拥抱一下干爸干妈,拥抱一下所有为自己的今天付出和奔走过的人们。

这些都是泽旺多吉一辈子都不敢忘怀的人,如果没有他们,那么今天的泽旺多吉会在哪里? 在四川阿坝藏族羌族自治州辽阔的草原上放牧吧,或许就是这样。手里握着奖杯的泽旺多吉内心翻滚着这些想法,一路艰难的岁月展现在眼前。

高中那会儿的泽旺多吉喜欢唱歌,梦想着自己能成为一名像才旦卓玛老师一样,把藏族歌曲发扬光大的歌唱家。于是,年轻的泽旺多吉离开了家,到都市里寻找他的音乐梦。

然而,寻梦的泽旺多吉在走进都市以后,才弄懂了一个基本的现实。填不饱肚子的自己,哪有寻找梦想的力气呢? 在现实的窘境中,泽旺多吉走进了繁华城市里的一家火锅店,当起了服务员。

每天如超级机器人一般,泽旺多吉从早张罗到晚。每天天蒙蒙亮的时候,泽旺多吉已经骑着三轮车行进在前往菜市场的路上,买完菜回到火锅店便开始了一天忙碌细碎的服务生活,一忙就会忙到凌晨三四点钟火锅店打烊。回到简陋的车库,累了一天的泽旺多吉很想一觉睡到自然醒,可现实的生活又会在天蒙蒙亮的时候将他带到前往菜市场的路上。

尽管每天疲惫不堪,年轻的泽旺多吉已经有些不堪重负,可他还是喜

欢在这家火锅店打工，因为这里距离当地的歌舞团很近，他幻想着会有一天，这家歌舞团能够和他产生某种亲密的关联。

泽旺多吉的这种想法很快变成了现实，他在火锅店里为客人们唱山歌的时候，无意间被一位老师发掘，于是老师经常带着他练习和外出演出，让泽旺多吉第一次感受到了与音乐如此接近。

一边打工一边学习，泽旺多吉的生活比以前更加的艰难，原本睡眠不足的他更是难得有充分的休息。泽旺多吉的这种勤奋被两个老人看在眼里，他们是收养了很多孤儿的一对夫妻，在听说了泽旺多吉家境贫寒但苦于钻研的故事以后，两位老人当即认下了这个干儿子，并在心里悄悄许下承诺，要把这个孩子培养出来。

在干爹干妈的资助和鼓励下，泽旺多吉更加勤奋刻苦。当时四川举办了一个青年歌手比赛，泽旺多吉抱着一种自我检验的态度参加了比赛。比赛的成绩很理想，泽旺多吉特别地开心。但在比赛结束之后，干爹干妈语重心长地跟泽旺多吉交流了老两口的想法。

两位老人在观看比赛的时候发现北京来的一位老师，给泽旺多吉打了最高的分数，却给自己从北京带来的学生打了最低的分数。他们认为这位老师刚正不阿，确实是对音乐一丝不苟的人，所以这老两口决定资助泽旺多吉去北京拜访一下这位老师。

对于泽旺多吉来说，这无疑是个机会，可也会给干爹干妈带来更多的经济支出，他左右为难，但干爹干妈的态度很坚决，泽旺多吉含着泪决定前往北京，他要努力好好地去学习，不能辜负两位老人的一片苦心。

在两位老人的陪同下，泽旺多吉第一次来到了梦想已久的北京，见到了他一辈子都感恩不尽的恩师孟玲。孟玲老师在听完泽旺多吉的歌声以后，当即留下了这个愣头青一样的男孩，并开始了从零开始的声乐教程。

泽旺多吉就这样栖身在北京一个六平米的小屋里，开始了真正意义上的声乐学习。由于孟玲老师的学生很多，所以泽旺多吉开始会担心干爹干妈微薄的工资会被自己浪费，可事实上，泽旺多吉的这种担心很多余。

孟玲老师无论工作和教学任务多么繁忙，每天都会抽出时间给泽旺多

吉进行辅导。在上课之前，无论是午休时间、周末休息时间，还是春节元旦这样举国欢庆家家团圆的日子，孟玲老师从来没有废话，仅是一句"我们开始吧"，课程便真正开始了。

在孟玲老师这样的教导下，泽旺多吉的歌唱水平节节攀升。这个时候，孟玲老师突然问起泽旺多吉将来的打算，这让年轻的他感到很迷茫，其实这个时候的泽旺多吉并不知道未来的路到底要怎样走下去。

"考大学吧。"孟玲老师希望泽旺多吉将来能够真正有所成就，可听闻这句话的泽旺多吉却退却了。"我初中的课程是断断续续读完了，高中几乎没有系统学习，功课太差了。"泽旺多吉体谅父母的境地，所以小时候的他一心想帮助父母减轻负担，这才耽误了学业，泽旺多吉觉得孟玲老师的希望距离自己实在太过遥远了。

"不行，你必须考大学，你得拼命，自己努力。"孟玲老师的话扔在了泽旺多吉的心坎上，想想这么久以来孟玲老师对自己付出的心血，家中父母操劳的样子，干爹干妈资助自己的艰难，泽旺多吉一咬牙决定考大学了。

一切从零开始的学习，对于泽旺多吉来说，甚至比在火锅店里每天不足四小时的生活还要艰难，可他在梦想和众人期待的目光中，刻苦拼搏着、努力着。

终于，泽旺多吉向所有关爱他的人交上了一份满意的答卷。他在通过解放军艺术学校的专业考试中，赢得了在场所有老师的好评。在考试结束后，所有在场听到了泽旺多吉歌唱的将军都拿着酒杯向泽旺多吉敬酒，那一刻，泽旺多吉有太多的感激想要向孟玲老师表达。

进入了专业院校的泽旺多吉开始了真正的歌唱生涯，他觉得自己无比幸运，正是那些不求回报的恩师和恩人无私奉献的培育，才让大山里走出来的自己有了今天。他无以为报，只有更加地勤奋和努力，唱出更优美动听的歌，来感谢多年来恩师恩人的爱心滋养，让自己成为了藏族地区的格桑梅朵。

逐梦箴言

　　泽旺多吉的幸运在于他一路有贵人相助,可是贵人相助的前提,在于泽旺多吉求知若老渴孜孜不倦地学习,他赢得的幸运,是对他音乐才华和勤奋努力的一次褒奖。

知识链接

泽旺多吉

　　泽旺多吉出生于一个偏远小山村——四川省阿坝藏族羌族自治州理县米亚罗镇夹璧村,从小就热爱唱歌。在孟玲老师的帮助下,2007 年,泽旺多吉以专业课第一名的成绩考入解放军艺术学院。第 13 届青年歌手电视大奖赛选拔赛泽旺多吉以优异的成绩荣获民族组第一名。

格桑梅朵

藏语,幸福的花朵。

泽旺多吉

我的未来不是梦

千锤百炼成天王

一个4岁的调皮小男孩,在台湾一个普通家庭里,对着电视机使劲摇摆着自己的身体,他的异常举动引起了母亲的注意。母亲赶紧从厨房里跑过来,想察看一下孩子到底怎么了,结果她被眼前的一幕惊呆了。小男孩身体舞动的频率竟然和电视上明星歌唱的节奏如此合拍。

"天哪!"男孩的母亲在心底里暗自感叹自家孩子对音乐的高度敏感性。事后,母亲不顾家人的反对,拿出家中多年的积蓄,给孩子买了一架当时令人咂舌的昂贵钢琴。这位伟大的母亲叫叶惠美,第一个发掘并培养周杰伦音乐天赋的人。

在台湾人当时普遍的价值观里,孩子只有学好数理化,才能走遍天下都不怕。音乐美术那样的艺术,只能是家庭富裕的孩子才能去追求的产物。可身为美术老师的叶惠美女士却不这么认为,她觉得受过艺术熏陶的孩子心底纯净,至少不会学坏,所以坚持严格地训练周杰伦在音乐方面的学习。

对于母亲叶惠美的观点,周杰伦真想举起一百双手来赞成,他喜欢弹钢琴,喜欢沉浸在音乐的世界里忘我地追逐,更喜欢在数理化考试得个一塌糊涂的成绩以后,若无其事地跟家里交代说:"对音乐有天赋的人,好像数学都不太好。"

尽管周杰伦糟糕的功课成绩,让身为教师的父母很头疼很恼火,可周杰伦却并不是以音乐为借口一事无成。他凭借着自己在音乐方面出色的成绩,顺利考入了淡江中学第一届音乐班,给自己创造出了一个继续深造

学习的平台，同时也让父母一直悬着的心得到了一些安慰。

在周杰伦自己选择的高中里，他的音乐才华得到了提升和认可。尤其是在钢琴课上，周杰伦总是可以气宇轩昂地淡定坐下，然后行云流水一般地弹奏起令同学们拍手叫好的乐曲。周杰伦即兴演奏的能力和水平，让他当时的钢琴老师很是惊讶。"他可以把庄严肃穆的音乐变奏，以一种有意思的方式演绎出来，听上去就像流行歌曲一样。"

周杰伦十几岁时在钢琴造诣方面，就能达到令老师如此惊异的水准。在传统印象中，钢琴曲都是或典雅或激越的曲调，但周杰伦偏偏就拿钢琴去演奏当下的流行歌曲，让同学们常常十分惊喜。校园里很多女孩子也因此成为了周杰伦的粉丝。

腼腆害羞的周杰伦并没有因为女孩的崇拜和男孩的追捧便原地踏步。他开始琢磨着把自己派上更大的用场。他埋头专注于谱曲写歌，用以打发无处安放的青春。起初牛刀小试的周杰伦，很快得到了朋友圈的认可，大家纷纷收藏他的创作，并预言他将来会成为大明星，周杰伦这时总是害羞地笑笑，内心也无可抑制地憧憬着朋友们所说的那一天。

然而周杰伦在快乐的高中生活结束以后，并没有如朋友们所言成为一名叱咤歌坛的音乐人，而是成为了一个名落孙山的高考落榜生。命运的琴弦拨动着周杰伦敏感的内心，他开始踌躇，开始无所适从。

叶惠美女士含辛茹苦地把他养大，眼下又对他投来了殷殷期待的目光，周杰伦意识到自己不能沉沦下去，要昂首挺胸地面对生活的打击。于是带着歌手梦的周杰伦开始四处毛遂自荐，但最后得到的都是碰壁的结果。

"怎么样才能让世人看到属于周杰伦的音乐？"周杰伦心里在挣扎。得先生存下来，填饱自己的肚子，不能让妈妈继续担心，然后才能再盘算着音乐的道路怎样行进。周杰伦在反复论证生活的利与弊之后，得出了这样的结论。

把自己说通了的周杰伦付诸行动了，他找到一家餐厅做起了服务生。端盘子，伺候客人，周杰伦从这样底层的工作开始做起，但他并没有因此而妄自菲薄，他仍然坚持着追求音乐的道路，每天带着随身听，用音乐来激励

自己好好生存下去。

皇天不负有心人，周杰伦所在的餐厅开始改造升级，老板在这里摆放了一架钢琴，以此来提升餐厅品位。这架突然出现的熟悉物件，让周杰伦总是有意无意地去靠近他。终于有一天，周杰伦在忍耐不住内心驱使的情况下，走到了钢琴前面，轻轻地按下了黑白按键。

就是这样一曲偷偷的尝试，周杰伦的老板和同事都惊呆了，他们真是难以想象，这美妙优美的音乐出自这个安静的男孩之手。周杰伦就这样成为了餐厅的钢琴师。也正是有了这样一次难得的尝试，周杰伦开始真正有机会将自己的音乐才华展现在众人面前。

当时已经积累出很多粉丝的周杰伦，很满足于现状。他觉得自己已经如此近距离地接触和释放音乐的生活已经很好很好。

但周杰伦的表妹却觉得哥哥这么才华横溢，却不得不窝在小餐厅里演奏乐曲实在不够好。于是她瞒着周杰伦偷偷在吴宗宪主持的《超级新人王》报了名，腼腆的周杰伦在知道这个消息以后，既兴奋又紧张，他对于自己担任歌手有点不好意思，于是邀请了一位朋友一起参加。

在参加比赛的当天，周杰伦正低头谱写着一首非常复杂的曲子，他专注的表情和下笔有速的谱曲，让一边路过的吴宗宪很欢喜。"你有没有兴趣加入我的唱片公司？"吴宗宪的这句话把全神贯注的周杰伦带回了现实。他惊讶，微笑，然后腼腆地点头。

20岁不到的周杰伦就这样获得了人生的最好一次机遇。在别人眼中，周杰伦是如此幸运，但只有周杰伦自己知道，为了这一天的到来，他等待得多么辛苦。

逐梦箴言

几乎每一个功成名就的人，背后都会有不为人知的辛酸历程，没有人能够不劳而获，平步青云。似乎总要走些弯路，做些与理想相差甚远的事，但回顾来时路才明白，这竟是人生的必经之路。

知识链接

周杰伦

周杰伦(Jay Chcu)，出生于中国台湾，祖籍福建泉州。华语杰出音乐人、流行歌手、词曲创作家、制作人、MV电影导演、编剧，2000年后亚洲流行乐坛最具革命性创作歌手，唱片亚洲总销量超过3100万张。

周杰伦

我的未来不是梦

百灵鸟在蓝天飞翔

● 智慧心语 ●

志向是天才的幼苗，经过热爱劳动的双手培育，在肥田沃土里将成长为粗壮的大树。不热爱劳动，不进行自我教育，志向这棵幼苗也会连根枯死。确定个人志向，选好专业，这是幸福的源泉。

——苏霍姆林斯基

人所缺乏的不是才干而是志向，不是成功的能力而是勤劳的意志。

——部尔卫

感情有着极大的鼓舞力量，因此，它是一切道德行为的重要前提，谁要是没有强烈的志向，也就不能够热烈地把这个志向体现于事业中。

——凯洛夫

人的理想志向往往和他的能力成正比。

——约翰逊

第三章

隐形的翅膀

张靓颖

◎导读◎

　　"寻寻觅觅冷冷清清凄凄惨惨戚戚。"流芳百世的才女李清照，仅用几个反复重叠的词，就精确地刻画出了那不甘寂寞、无怨无悔地寻找自我、完善自我的孤独求进者的心境。梦想的翅膀不会唾手可得，活出个样子更不是信口开河。固步自封、原地踏步无异于慢性自杀。尊严，首先源于自尊，这是放胆追寻的过程，更是突围成功后的甘甜享受。

愿为唱歌去流浪
——刘淑芳

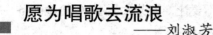

　　朝阳跃升,晨鸟唤醒了沉睡的城市,啁啾呢喃间,也满是动人的旋律。朝晖渐渐变得光亮起来,露珠在绿叶上滚动着闪烁着,温柔地滴落在地面上,渗入泥土中。这是个静谧的小院儿,很普通的一户人家的小院儿。而住在这里的女主人,她的歌声,曾在全世界飘荡,高昂透彻、低回婉转,是她一生的许诺——愿意唱一生,愿为唱歌去流浪。她浪漫,她更执着,她就是刘淑芳。

　　1926年出生,在旧式家庭成长,热爱唱歌的她受着古旧思想的制约,那个时候家庭并不同意她去唱歌,然而,梦想是个热烫的东西,它让少女时代的刘淑芳,一听到留声机流淌出来的歌声就心中暗涌,梦想越来越炙热,那时,她便许下承诺——不顾一切,哪怕为唱歌去流浪,我要唱歌!

　　就这样,这个执着的女孩儿还真的唱了整整一生,并且,唱到了世界的各个角落。

　　刘淑芳有"音乐使者"之称,因为她擅长歌唱世界各个国家的歌曲,语言似乎从来不是什么问题,有时甚至被称赞"比本国人唱得还好",她那深情、委婉、舒缓、甜美的歌声曾经让多少人倾倒、沉醉、遐想和依恋!《宝贝》《鸽子》《西波涅》《小小礼品》……她不仅唱红了这些外国歌曲,用歌喉和心灵将音乐语言诠释得尽善尽美,给国人带来异国音乐的享受,还承载着那个年代中国要融入世界的责任。唱歌,从此变得不平凡。

1961 年,陈毅副总理兼外交部长出访印度尼西亚。以萨空了为团长的中国艺术团随同前往,刘淑芳也在其中。

此前,她正在四川演出,接到出访的通知,匆匆由成都返京。当时,由于声带受损,她的嗓子不太好,有关领导原打算不让刘淑芳参加这次访问,并把这一情况汇报给周恩来总理。总理既十分关心刘淑芳的身体,又坚决表示刘淑芳一定要去,他对那位负责同志说:"嗓子暂时不好没关系,先去,什么时候嗓子好了,什么时候再上;不要让刘淑芳太累了,要给她配备一名男歌唱演员。"

刘淑芳就这样带着总理的信任和厚望,与中国艺术团其他艺术家们乘坐海轮驶往千岛之国。

在印尼的 40 天访问中,刘淑芳先后学习并演唱了七八首风格各异的印尼民歌。《宝贝》是该国苏门答腊巴达族的摇篮曲,短短几天,她就学会了,用标准的印尼语声情并茂地将《宝贝》展示在千千万万印尼观众和听众面前,一时间,《宝贝》风靡了这个千岛之国,到处是"刘淑芳—宝贝,宝贝—刘淑芳"的声浪。在 40 场演出中,场场爆满,刘淑芳的《宝贝》总把演出推向高潮。

最令人难忘的是在雅加达体育场的演出。当刘淑芳唱道:"宝贝,你爸爸正在过着动荡的生活,他参加游击队打击敌人,我的宝贝……"流畅的印尼语,真挚的情感,深沉动听的歌声,一下子俘获了全场数万观众的心,在雷动的掌声中,"印尼中国友谊万岁"的呼声此起彼伏,飞舞的帽子散落一地。

当访问结束,中国艺术家们登上归国轮船的那一刻,码头上送行的印尼朋友和侨胞中,忽然有人高喊:"再唱一遍《宝贝》吧!"顿时响声一片,刘淑芳站在船舷上,一边挥手告别,一边唱起了《宝贝》……

当轮船徐徐起航,中国歌唱家《宝贝》的深情歌声永远定格在历史的那一刻。

后来,苏加诺总统访问中国,见到周总理时说:"刘淑芳真厉害!""怎么厉害?"总理问道。"她唱的《宝贝》比我们本国人唱得还好。"总理爽朗

地哈哈大笑起来。

苏加诺执政时期,中国印尼关系十分友好,但他们国内当时有一股反华排华势力,不时制造事端。在那样的年代,刘淑芳和中国艺术家们无疑用自己的方式为增进两国人民的友谊作出了贡献。

上世纪五六十年代,她随国家艺术团先后出访欧洲、亚洲、南美洲几十个国家,她演唱的歌曲深得所在国人民的喜爱。她译配了100多首外国歌曲,同时将大量中国歌曲介绍到国外。她出版有《刘淑芳演唱歌曲集》。

1984年,刘淑芳开始了传播外国民歌名曲之旅。她的足迹遍布长城内外、大江南北,当年举办了50场独唱音乐会。年末的最后一场音乐会是在广州举办的。改革开放后,领风气之先、受港台影响较大的广州人大多喜欢流行音乐,没有想到的是,演出所在的剧院1400多个座位爆满,不得不临时加了许多座位。当刘淑芳唱完22首歌曲准备谢幕,在热情而狂热的观众一再挽留下,直到唱完26首歌,才结束演出。演出轰动一时,刘淑芳用完美的歌声征服了观众,当时58岁的她,体力充沛,歌声悠扬,这个现在已不必因为歌唱去流浪的歌唱家,并没有因为岁月的变迁而改变初衷,依然忘我地唱着,沉浸在音乐世界中。

而今,80多岁的刘淑芳居住在北京的一个小院儿里。每天清晨,她都会唱二十几首歌,唱到旭日东升,唱到通透爽快。每天,她都会在琴房待上一个小时,在钢琴的伴奏下,练声、练气息,酝酿情感,大声歌唱,坚持不懈……她说,她唱歌从来不是为了出名,她更享受在歌声中获得的自由。而这种自由,可以让她徜徉在世界各地,徜徉在完美的艺术殿堂。偶尔,她也会坐在小院儿里的座椅上唱歌,眼里装满了美好,没有时空的阻隔,没有国界的限制,歌声穿越时空,穿越国度,传到了很远很远的地方。

梦想，并不只是年轻时的豪言壮语，它更需要用一生的时间去实现。人在年轻时，有热血有激情，梦想往往会在此时孕育，但随着时间的流逝，有些很大声喊出的梦想往往成了一声叹息。像刘淑芳这样，能用一生的时间去实现梦想，并每时每刻在梦想中获得美的享受的人并不多，所以，坚持你的梦想，在觉得不可能的时候，再坚持一下！

知识链接

刘淑芳

刘淑芳，女高音歌唱家。重庆云阳人。1949 年毕业于西南美术专科学校音乐系。历任中央音乐学院地方音乐工作团独唱演员、声乐教员，中央乐团独唱演员、艺委会副主任、声乐教员，中山艺术团歌舞团团长，中国拉丁美洲友好协会理事，中国音协第三届理事。获得第六届中国音乐金钟奖终身成就奖。

没人愿意教的学生

上世纪 70 年代,李文章演唱的《伟大的北京》曾风靡全国。但很少有人知道他是半路出家,是从一名从汽车兵成长起来的歌唱家。

李文章出生在河北昌黎,当地的皮影戏、秧歌戏久负盛名。受到民间文化的熏染,从小他就会吹箫、拉胡琴、拉手风琴,最爱上的就是音乐课。只要哪儿有活动,不管多远他保准儿到场,别人让他唱歌,他也不怯场,说唱就唱。

抗美援朝战争爆发后,这个热血青年报名参军,15 岁的李文章成为一名汽车兵,一干就是十年。在部队,李文章也是个文艺骨干。一次,他到北京总后勤部参加业余汇演,表演了他自己创作的歌曲《将军下连来当兵》。总政歌舞团的一位导演看他吹拉唱、作曲什么都会,一眼就相中了他,回去给部队打报告,就把他调到总政歌舞团了。

过去在部队,李文章的歌唱水平和普通战士比算有两下子,可来到专业文艺团体他发现自己对于五线谱、钢琴演奏这些专业知识一窍不通,他心急如焚。一个偶然的机会,团里派他到人民大会堂唱歌,他按捺不住喜悦之情。那天,周恩来总理、陈毅元帅等中央首长观看了演出,李文章根本不知道什么叫紧张,他高声唱了一曲《手挽手》。周总理问主持人:"这个小伙子我怎么不认识呢?"主持人说:"这是我们刚从汽车部队调过来的汽车兵,是个业余歌手。"总理说:"部队来的歌手你们好好培养,将来为战士歌唱肯定很受欢迎。"总政对总理的指示非常重视,就把李文章送到上海音乐学院进修,命运之神又一次眷顾了他。然而,求学之路并非一帆风顺。

1962年，李文章被送去报考上海音乐学院，但由于底子薄，只有初中一年级的文化水平，两次考试李文章都被刷下来，后来经过文工团再三交涉，李文章只能作为收费的代培生到音乐学院学习。如果说入学一波三折的话，那么开学后他遇到的困难更是始料不及的。

新学期伊始，李文章满怀梦想踏进这所高等音乐学府。当他到学科公告栏找自己导师的名字却没有找到，当时都是老师们自己选择学生，他赶紧跑到系主任那儿问究竟："老师，为什么没有我？"系主任说："你是部队来的，我跟你讲实话吧，因为你程度太差了，没有人愿意教你。你再等等吧，我们也做做老师们的工作。"这一句善意的劝慰却让李文章等了好几个礼拜。每天，他就像无家可归的流浪儿在学校里走来走去，想看看别的人怎样上课，只能扒着门缝儿偶尔听一听。课间休息时他听见有些同学用上海话议论他："唉，你们看，那个从总政歌舞团来的人，好像叫李文章，开学这么长时间了还没人教他。""可不是嘛，多尴尬呀，要是换了我早走了。"他们以为李文章听不懂上海话，其实他在上海准备考试待了几个月，也能听懂一点。同学们的话像刀子一样扎在他的心上，他想："要不就回去？在这儿没人肯教我，还被大家看不起。不行！团里费了这么大的周折才把我送来，我不能辜负团里的期望啊！"他又等了一段时间，终于等来了他生命中的贵人和恩师。

这位恩师是著名男低音歌唱家温可铮教授。温教授从外面讲学回来，并不知道还有这样一个学生，系里就把他分给了温教授。温教授发现他声音都没经过训练，完全是一张白纸，就对他说："从今往后你就跟我学吧，我愿意教你。但是你上课先不要唱歌，先学乌鸦叫。"从此，李文章死心塌地跟老师学习。别人唱歌，他学乌鸦叫："啊！啊！啊！"练习声带的闭合，虽然这样的训练很枯燥，但他下定决心，一定要练好。经过二十多天的集中训练，李文章有了明显进步。老师开始教他意大利歌曲，这对李文章来说也是一个全新的领域。一个农村孩子，只有初中文化，当了十年汽车兵，和专业院校的学生同时学习，付出的辛苦可想而知。

功夫不负有心人。一年以后，学院举行歌唱比赛，几十个男高音演唱同一个曲目：毛泽东诗词歌曲——《菩萨蛮·黄鹤楼》。比赛的结果让所有人震惊，这个曾经谁也不愿教的学生竟得了个二等奖，而一等奖还是空缺。李文章不仅摘掉了代培生的帽子，成为一名正式生，而且还被任命为全院的学生会副主席、团委副书记。在学校三年，他从没休过一个礼拜天，周末一大早就去占钢琴，拿个馒头拿瓶水中午也不离开琴房，他怕一离开就失去了练习的机会。

三年学业期满，李文章终于扬眉吐气，他以学院唯一的一个男高音满分的优异成绩毕业。

逐梦箴言

成功，有时离我们只有一步之遥。而这一步，却要付出常人想象不到的辛苦。只要坚定信念，"没有比脚更长的道路，没有比人更高的山峰"。

知识链接

皮影戏

皮影戏最早诞生在两千多年前的西汉，又称羊皮戏，俗称影子戏、驴皮影。发源于中国陕西，极盛于清代的河北，是一种用灯光照射兽皮或纸板做成的人物剪影以表演故事的民间戏剧。表演时，艺人们在白色幕布后面，一边操纵戏曲人物，一边用当地流行的曲调唱述故事，同时配以音乐，具有浓厚的乡土气息。在中国，不少的地方戏曲剧种都是从皮影戏中派生出来的，它对电影的发明和美术片的发展也起到先导作用。

■ 白族金花——赵履珠

苍山的花木鸟兽、嶙峋怪石；洱海的鱼虾金波、晚风清浪，大理，有着中国最美的风花月雪，也有着中国最美的山歌小调儿。赵履珠，一朵在云南山水间成长的白族金花，唱着山间小调儿，一步一声地向我们悠然走来。

国人熟知赵履珠，是因为她为电影《五朵金花》配过唱。电影中，苍山洱海的美景让人流连忘返，蝴蝶泉边的歌声更是余音绕梁，三日不绝，让国人对彩云之南有了更强烈的向往。而提到是如何得到这个机会的，赵履珠总是回答说，自己实在是太幸运了！

1959 年 6 月份，云南省举办了全省文艺汇演。当时在大理歌舞团工作的只有 18 岁的赵履珠参加了这次文艺汇演。汇演结束后，演员们本打算马上返回家乡，却被临时通知要再演一场。演员们当时并没有特别的吃惊，而当看到观众的时候，他们惊呆了。因为只有两个人——大理歌舞团的团长和来自长春电影制片厂的雷振邦老师。

虽然只有两位观众，但演员们还是用尽全力，倾情演出。年轻的赵履珠演了四个节目。独唱、男女二重唱、女声小合唱，还演了一出戏，她的歌声清脆甜美、委婉动听，仿佛林间的清泉在石板上欢畅流淌，又似晨鸟引吭高歌、委婉呢喃，那从未被修饰过的原生态声音深深地吸引着雷振邦，当下，他便做出了一个决定。

1959 年因拍摄《五朵金花》需要，雷振邦特地到云南采风，走遍了云南各地，搜集民间小调儿，并寻找为《五朵金花》配唱的女演员。在云南省文

艺汇演之后，特意找到大理歌舞团团长，想要挖掘人才。于是，赵履珠走进了他的视线，他被深深吸引，觉得是个好苗子，值得培养。而赵履珠幸运地被选为《五朵金花》的配唱演员，她也第一次走出了云南，来到了北国春城——长春。

在长春电影制片厂为电影《五朵金花》配唱的经历，让赵履珠终身难忘。平时在大山里唱歌的她，习惯了耳边的风、眼前的花花草草、空气中那湿润的甜蜜的味道，而现在，局限在封闭的录音棚里录音，一时很难找到感觉，总是唱不好，唱不到位。赵履珠暗自着急，一宿一宿地睡不好，反复地看谱子，不停地哼唱着调子，试图还原在蝴蝶泉边唱歌的感觉。然而，她还是没有达到导演的严格要求。欲速则不达。她的心，也随之跌入谷底。

那一夜，赵履珠难以入眠。皎洁的月光铺泻在她的房间，窗外映进的树影，斑斑驳驳地落在地上摇曳，树上寂寞的虫子还在鸣叫。她轻轻走到窗前，望着月光，望着南方家的方向。洱海边成长的她，耳边似乎响起了阵阵涛声，泼水节上的欢声笑语、纵情歌唱，似乎也越来越响亮，撞击着她的灵魂。梦里寻她千百度。那一刻，积存在血液里的歌声，渐渐燃烧了起来。那一刻，她终于明白，无论身在何处，白族的姑娘都要忘我歌唱，而且要把家乡的歌谣带到更远的地方……

终于，当赵履珠的歌声录制到电影中，并在全国引起巨大反响之后，《蝴蝶泉边》这首歌曲改变了她的一生。

因为在电影《五朵金花》中的成功配唱，赵履珠从大理歌舞团调到了影响力更大的东方歌舞团。由于当时的社会政治环境复杂，赵履珠演出和出国访问的机会并不多。在这个新的环境新的平台上，她忽然发现自己演唱的方法方式无论是理论还是技巧，需要提高的地方还有很多。于是，她主动要求去中央音乐学院的民族声乐系干部进修班进修声乐，并且得到了单位的许可。经过系统的学习，加之与知名歌唱家同台演出的宝贵经历，洱海边成长的小女孩逐渐地成熟了起来。赵履珠是幸运的，短时间内，她取得了长足的进步。

然而，让赵履珠魂牵梦绕的，还是家乡的歌声。早在云南工作的时候，

百
灵
鸟
在
蓝
天
飞
翔

与她一同演出的有当时已经成名的歌唱家黄虹。黄虹曾经以一首《小河淌水》让国人知道了云南的秀美风光和风情小调儿。年轻的赵履珠受到黄虹的影响，立志要把云南的歌声传递到全国各地，传向世界各地。

于是，赵履珠回到了家乡，回到了她日思夜想的洱海，回到了云南的山山水水间。在云南这片多姿多彩的土地上，传唱着数不清的民间小调儿，赵履珠这次回来，为的就是搜集这些散落在山野水涧边的民间歌曲，把这些从古至今传唱的歌曲加以整理，重新演绎，传送到更远的地方。带着这份豪情，赵履珠开始了民间采风。

不知道走过了多少条山间歧路，路过了多少山寨村舍，趟过了多少激流险滩，赵履珠一路走来一路唱，寻访民间艺人、村庄老者，记录山野小调儿、曲谱曲式，哪怕只有只篇断章，哪怕只有几曲几句，她都认真地记在本上，录在磁带上。日记本上密密麻麻地写满了这些歌曲，白天采风行路，晚上就抓紧时间整理。这一路虽然辛苦，但充满了新奇，充满了惊喜。欢快热情、具有浓郁白族风情的麻雀调儿、表达白族人民对四季鲜花喜爱的赏花调儿……赵履珠对云南各地的民间小调儿有了更多的认识，有了更深入的学习，这让她更加热爱这片土地，热爱这片土地上善良的人们和那些传唱至今的传奇歌声。

逐梦箴言

梦想能否实现，运气也是一项成功的因素。运气可以理解成是一种时机，善于把握时机的人会在正确的时间做出正确的选择，梦想也会因此提前实现。然而放眼长远，幸运往往是一时的，实现梦想更需要在征途上一步一步跋涉而行，这样才会走得踏实，走得更远。这是对未来方向的冷静思考，更是对自我发展的清醒认识。舍此，或将误入歧途。

■ 用实力谱写华丽人生

当今中国歌坛,女高音为数不少,黄华丽——这个能把花腔女高音"山鬼"唱得深沉嘹亮,也能把民歌《眷恋》唱得优美清扬的人,靠着实力唱功以撼动人心之势,被列为中国三大女高音之一。她的高音在细腻灵秀中显着亮丽,她的演唱,无论轻扬、婉转,还是激昂、高亢,总能直通人的心灵。

在黄华丽成名以前有人曾经断言,她很难在圈内有所突破,因为她的长相远远不及其他歌手,所以只能当存在"象牙塔"中,空有一身好本领,却"养在深闺无人识"。

黄华丽今天的成就源于一个艺术家对于美的不懈追求,尽管这段历程充满了艰辛,她却无怨无悔。她最初对美的认识是源于母亲的启蒙:3岁时,家境并不富裕的黄华丽得到了一台收音机,她整天跟着收音机学唱,这成为她音乐之路的最初启蒙。17岁时,黄华丽正式考入华中师范大学音乐系,成为阎国宜教授的学生。在华中师范大学学习的四年间,她感受到了音乐的美。四年的勤奋刻苦,换来了毕业考试全系第一名的好成绩;毕业后,黄华丽留校任教并很快被破格晋升为当时湖北省最年轻的讲师。1993年夏天,黄华丽在中国音乐学院举办独唱音乐会,时任总政歌剧团团长的陈奎及被她的演唱才华深深打动,在陈奎及的努力下,黄华丽被特招入伍到总政歌剧团,成为一名歌剧演员。

有人说歌剧是阳春白雪。的确,在中国能深层次欣赏歌剧的人确为少数,但这并不意味着歌剧没有魅力,恰恰中国的民族歌剧有着很强的艺术

震撼力。

当团里排演歌剧《屈原》时，团领导决定采取竞争的方式给大家一个均等的机会来竞争演"山鬼"这个角色，因为剧中人物"山鬼"所演唱的唱段是该剧中难度非常大的一个唱段。在拿到谱子后的一个月时间里，黄华丽每天泡在琴房里练唱。面对这个转调、离调、无调性等随时都在变化的谱子，她告诫自己，必须以军人的勇气和毅力克服困难！后来试唱时，她演唱的"山鬼"歌惊四座，时任团长的王祖皆惊奇地说："黄华丽放了一颗小卫星！从民族女高音转入美声花腔女高音，真是不可思议！"最后，她终于凭借完美唱功赢得了这个角色。

歌剧《屈原》公演时，黄华丽却突然患了重感冒，发烧38.9℃。但是该角色没有任何人可以替代，在嗓子全部水肿、大夫也必须跟到演出现场的情况下，黄华丽竟然一咬牙将十几场演出全部拿下。歌剧《屈原》公演后，黄华丽独特的唱腔艺术终于受到听众广泛好评，得到音乐界专家的肯定。

黄华丽是个有实力的歌唱者，从她宽广的音域到她能够将多种音乐形式从容驾驭，从《延安颂》等多部电视连续剧演唱主题歌和插曲再到有个人演唱专辑《眷恋》《我心永爱》等出版发行，无不体现着她演唱的实力。

从艺二十多年的黄华丽，每每被问到在她艺术之路上哪个阶段对她最重要时，她都会说是儿时的学习经历。她在武汉学习的是民族唱法，可老师非让她唱咏叹调，为了能唱好咏叹调，她硬是学会了意大利语、法语、德语，这个过程是枯燥的，但刻苦学习的结果却是让她掌握了更多的本领和技巧。

发自内心、敢于超越自我的歌声最感人。在黄华丽的歌声中铺展着理想之路、爱之路、奋斗之路。爱情的唯美或凄楚，理想追求的悲壮和幸福，人生路上的灿烂心情和高远境界，她都能用歌声演绎得淋漓尽致，魅力四射。

逐梦箴言

　　黄华丽用歌声告诉我们,外表的美丽会随着岁月的流逝而淡化或褪色,唯有美丽的心灵和成熟的气质会随着时间的推移迸发出感人的火花。高尚的情操、渊博的知识、良好的修养才拥有持久的美丽。

知识链接

黄华丽

　　黄华丽,总政歌剧团青年女高音歌唱家,国家一级演员,声乐硕士,中国音乐家协会会员。1996 年在国家文化部举办的"96 全国声乐比赛"中荣获民族组一等奖第一名并获得政府大奖。2000 年 7 月在第九届"步步高杯"全国青年歌手电视大奖赛中,荣获专业组民族唱法银奖并获政府大奖,演唱的歌曲《眷恋》获"听众最喜爱的歌曲'奖。她曾应邀到罗马尼亚、荷兰、朝鲜、港澳等地参加演出。为《延安颂》等多部电视连续剧演唱主题歌和插曲并有个人演唱专辑《眷恋》、《我心永爱》等出版发行。

咏叹调

　　咏叹调(Aria)即抒情调。这是一种配有伴奏的一个声部或几个声部以优美的旋律表现出演唱者感情的独唱曲,它可以是歌剧、轻歌剧、神剧、受难曰或清唱剧的一部分,也可以是独立的音乐会咏叹调。咏叹调有许多通用的类型,是为发挥歌唱者的才能并使作品具有对比而设计的。

我的未来不是梦

■ 活出个样儿来给自己看

衡越近十年的演唱道路顺风顺水,一首首接地气的歌曲,成为人们文娱活动里传唱率特别高的曲目。《圆梦》《活出个样来给自己看》《谁是我的新郎》……这些充分发挥出衡越大气激昂风格的代表作,成为一个又一个坐标,谱绘出她音乐事业扶摇直上的画卷。

人们把艳羡的目光都集中在衡越无限风光的今时今日,却忽略了她化茧成蝶过程的挣扎与痛楚。

对于衡越来说,那些往昔并非不堪回首,而是人生对自己最好的磨砺和馈赠。

事实上,衡越出道很早。早在 1986 年她便顺利跻身于高手云集的孔雀歌舞团。尽管,那时的她仅仅是个替补队员,但衡越一点都不自卑。能够在这样高起点的团队里,受到前辈们的点拨和指导,衡越感觉自己已经很幸运。

就是凭借着这样虚心好学的精神,年轻的衡越成长很快,但上台独唱的机会依旧很少。这时的衡越意识到,如果想在人才济济的孔雀歌舞团里占据一席之地,必须要有自己独特的风格。于是衡越毅然放弃了自己擅长但受众有限的民歌,改变风格开始研究和练习邓丽君的歌曲。

敏锐的衡越不仅在这次抉择中,精确了自己的歌唱定位,并且捕捉到了适合的机遇。在一次演唱中,衡越终于展示了自己模仿邓丽君的才能,以一曲日文歌曲《星》,为自己在歌舞团奠定了坚实的地位。

在孔雀歌舞团中名声大噪，并没有让衡越眩晕地失去方向，反而使她越来越清晰地看清了远方的道路。模仿是一块敲门砖，并不是铁饭碗。衡越想唱出自己，所以她再次打破人生格局，放弃孔雀歌舞团带给自己的名气和资本，只身前往广州，去寻找梦想中的未来。

衡越的梦想和现实，在广州形成了天壤之别的对比。她起初没有一炮走红，没有闯出名堂，只是每天奔波在夜场中唱着自己喜欢的歌。手头拮据，让衡越没有选择地住进工作单位提供的宿舍，在那里她与老鼠夜夜相伴。

老鼠曾经是衡越的致命伤。她最开始一看到满屋逃窜的老鼠，就会吓得惊叫。后来无奈的衡越开始习惯了这样的生活。每天回到宿舍，打开灯，衡越就像和一个老邻居说话一样，慢声细语地商量老鼠赶紧离开，然后再倒头大睡。

衡越在广州寻梦的时光，几乎打破了自己的心理极限，但她一直在咬着牙坚持、忍耐。这种毅力使衡越在广州的发展逐渐明朗，她的收入逐渐高出了很多人的想象。

这时的衡越又按捺不住梦想的驱使，她自费十几万在北京录制了自己的第一张专辑《问好》，此时兴高采烈的衡越遭遇了新的尴尬，已经囊中羞涩的她，再也拿不出更多的钱去宣传和推广，所以最终衡越的专辑没能得到很好的发行，几乎大部分都被她用来赠送亲友。

尽管从艺的道路九曲十八弯，但衡越一直坚信宝剑锋从磨砺出，梅花香自苦寒来。所以她继续奔跑在追逐梦想的道路上，继续不断倒空杯中的水，让自己清醒地不被曾经的荣光和打击牵绊，轻装上阵英勇前行。

衡越就这样脚踏实地奋斗了 15 年，才终于迎来了《圆梦》的机会，终于活出个样儿来给自己看。

我的未来不是梦

逐梦箴言

追逐理想有时很像马拉松赛跑。只有目标精确，坚忍不拔地跑到最后，才有机会和资格赢得成功和掌声。

知识链接

衡越

著名歌手，辽宁丹东人。她的歌声大气辽阔，富有磁性而又不失细腻。电视剧《刘老根》的主题曲《圆梦》让她在众多歌手中脱颖而出。她就像一股清风吹进千家万户，她就是——衡越，用生命歌唱的人，人称"赵本山御用歌手"。

化茧成蝶

从昆虫的幼虫蜕变成蝴蝶。常用来比喻通过艰辛漫长和痛苦的质变，最终呈现出美丽理想的状态，同凤凰涅槃含义类似。

衡越

为梦想而歌的"海豚公主"

很多人在童年时,都有一个音乐的梦想。

这个音乐的梦想可能和一个童谣有关,可能和一件乐器有关,也可能就是源于一部音乐剧,可是,追梦的过程中,有的人改变了,也有人退缩了,更有人放弃了。能够穿越风雨,坚持梦想的孩子才能将童话变成现实。

有这样一个小女孩,在她很小很小的时候就喜欢上了歌曲的旋律,即使从来没有听过,也会随着旋律慢慢哼唱,乐在其中。

小女孩的家庭条件并不宽裕,所以她不能拥有自己的录音机,甚至连卡带都是奢侈品。但是,她并没有就此割舍掉对音乐的喜欢,她从每天的饭钱中节省出来 13 元钱买了自己的第一本卡带,爱不释手。小女孩又从同学那里借来了录音机,自己小心准备好电池,听着音乐,仿佛自己的生活进入了另一个世界。

14 岁,小女孩出落成了大姑娘,但是,父亲的离去让这个本不富裕的家庭雪上加霜,也让她小小的心灵蒙上了一层阴影。母亲身体不好,于是小女孩承受了本不该这个年龄承受的生活压力。

天赋加努力,女孩的歌唱得十分好。为了生计,帮妈妈养家,女孩来到酒吧唱歌。在那片小小的天地里,女孩的歌艺得到了很大的进步,并在多个歌唱比赛中获得佳绩,在 2004 年的"统一冰红茶"全国大学生歌手大赛总决赛和"京都念慈庵"PUB 歌手大赛总决赛中获得冠军,这两个比赛都以演唱外文歌获胜。但是,这个有梦想的孩子并没有将人生停止在这里,她的梦想

不是仅仅做一个酒吧里的歌手，她想唱出属于自己的音乐，用自己的音符和声音感染更多的人。

2005 年，这是改变女孩一生命运的一年。湖南卫视举办了第二届超级女声的选拔，她参加了成都赛区的预赛，并以第二名的成绩晋级全国总决赛。 在超级女声从海选到总决选的多场比赛中，多种不同风格的歌曲，百变的风格使女孩得到了评委的好评和观众的喜爱。女孩演唱的英文歌最为突出，成功吸引了一大批歌迷，还有那独特的海豚音，曾征服了评委，得到大家的认可。一路走来，女孩经历了很多挑战和困难，但是，还是走到了最后，130 万票的支持率让她获得了全国第三名。

她就是张靓颖，从超女的舞台里走出来的"海豚公主"！

看着张靓颖自信的笑容，听着张靓颖美妙的歌声，很少有人会相信她的圆梦之路如此坎坷。现在，她的音乐梦想实现了，她有属于自己的歌曲，有很多人听着她的声音而备受感染，或快乐或伤心。她凭借出色的演唱实力与音乐才华备受认可，拿下多个重量级奖项，成长为华语乐坛新生代天后。发行多张热销专辑，其多首金曲亦成为点唱冠军。通过与多位国际大师的合作，受邀参与美国顶级奥普拉脱口秀节目的录制，并连续两年受邀出席格莱美颁奖礼等活动，张靓颖将其视野扩展到世界舞台，稳步迈向国际化。

她，由一个小女孩成长为一个坚强的逐梦者，用感性的声音和细密的情感构筑起强大的内心世界，有异于同龄人的成熟及坚忍。这也是成长过程中，她已习惯了的坚强和倔强。她知道自己追求什么，沿着直觉和信念去走，不退缩不放弃，一年一年，一次一次，在不经意间，她的声音和情感带着她，穿越了千万人群和不同的内心轨迹……

逐梦箴言

　　人生会遇到很多困难，是因为我们的人生里满是梦想。困难有的时候并不一定是坏事，它使我们更坚强，每一次面临困难，就离梦想更近一些。生活的拮据、现实的差距都不是我们放弃的理由。执着，就是一种勤勉的跋涉，淡泊的心境，一种刚硬的精神气质，一种壁立千仞、无欲则刚的节操。

知识链接

张靓颖

　　1984 年 10 月 11 日生于四川成都。中国著名流行女歌手，华语流行乐坛新生代天后、百变Diva，美誉"海豚公主"。曾蝉联六届中歌榜和三届东方风云榜最佳女歌手大奖。2005 年湖南卫视超级女声比赛季军，由此出道。凭借出色的歌唱实力与音乐才华，屡获海内外重量级奖项，发行多张热销专辑，其演唱的《画心》《如果这就是爱情》等多首歌曲具有广泛传唱度。通过与多位国际大师的合作，成为迄今唯一献唱美国奥普拉脱口秀的华人歌手，并屡次受邀出席格莱美颁奖礼等活动，张靓颖将其视野扩展到世界舞台，稳步迈向国际化。

海豚音

　　海豚音，顾名思义，就是指一些像海豚一样发出的在人类听频范围外的高音调超声波。当然，人是无法发出超声波的。所以，海豚音用来泛指人类发出的极高的音调。海豚音也是至今为止人类发声频率的上限。海豚音这个词是非音乐人士创造出来的新词，而非声乐上的名词。

我的未来不是梦

百灵鸟在蓝天飞翔

● 智慧心语 ●

路是脚踏出来的，历史是人写出来的。人的每一步行动都在书写自己的历史。

—— 吉鸿昌

辛勤的蜜蜂永没有时间悲哀。

—— 布莱克

古之立大事者，不惟有超世之才，亦必有坚忍不拔之志。

—— 苏轼

人生最终的价值在于觉醒和思考的能力，而不只在于生存。

—— 亚里士多德

你应将心思精心专注于你的事业上。日光不经透镜屈折，集于焦点，绝不能使物体燃烧。

——毛姆

对真理和知识的追求并为之奋斗，是人的最高品质之一。

——爱因斯坦

第四章

苦辣酸甜都是歌

莎拉·布莱曼

百灵鸟在蓝天飞翔

◎导读◎

　　近代的中国积贫积弱受尽凌辱,而在抗争中多有慷慨悲歌之
士;新中国成立后百废待举急于自立于世界民族之林而又陷入"文
革"的深渊捉弄世人。老一辈歌唱家们无一不是浴火重生,凤凰
涅槃的杰出代表。人,无法选择生存的年代,却可以选择存在的
方式。艰难困苦,玉汝于成;环境恶劣,尤需崇理尚德。

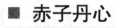 赤子丹心

在抗日战火弥漫的 1937 年，一位年仅 20 岁的小姑娘，勇敢地站在了武汉街头的简易舞台上，如泣如诉地唱着"万里长城万里长，长城外面是故乡……"她要用自己凄婉悲壮的歌声，唤醒那些在家乡沦陷以后听命于日寇的人们，激发他们同仇敌忾的抗日爱国热情。这个进步的小姑娘，就是后来在中国声乐史上具有里程碑意义的人物——周小燕。她所演唱的那首曲目，就是后来响彻中国大地的抗日名曲《长城谣》。

1917 年出生的周小燕，亲眼看到与见证了祖国百年来的荣辱沉浮。抗日战争全面爆发以后，父亲一声命令，将就读于上海音乐专科学校的周小燕调回家乡武汉。父亲的话久久在周小燕耳畔回荡："不要做铁蹄下的顺民！"

带着父亲的殷切希望和满腔的爱国激情，周小燕义无反顾地投身到抗日战争的救亡运动中。除了用自己擅长的音乐鼓舞和激发人们的爱国情怀，周小燕还随同家人一起为奋战在一线的战士们缝制棉衣，力所能及地奉献自己的一切。

然而，随着战争局势的急转直下，周小燕被迫含泪离开祖国，登上了异国他乡的土地。虽然周小燕不能再英勇无畏地和抗日战士们奋战在一起，但离开祖国怀抱的周小燕却一刻都没敢忘记背负在自己身上的重担，一刻不敢忘记自己是中国人这个事实。

《长城谣》的乐曲伴随着周小燕行走的足迹。在新加坡，这首悲愤平实

的歌曲,感动了无数海外侨胞,他们纷纷慷慨解囊捐款捐物,一些热血青年甚至踏上了回国的旅途,扛起枪加入到了抗日战争的革命队伍当中。

在欧洲求学的九年,周小燕一直履行着自己心底对祖国和人民许下的诺言。无论演出到哪里,她都会身着旗袍走上舞台,尽管她完全能够用原文演唱英德法意俄等国歌曲,但从来都是用母语为观众演唱。周小燕的每一首歌都唱着祖国,她要用自己的歌唱实力和歌曲本身蕴藏的中国文化赢得世界的尊重。

周小燕成功了,九年的刻苦拼搏使她的花腔女高音达到了炉火纯青的地步,世界各地的音乐会邀请函纷至沓来。就在周小燕跻身国际一流歌唱家的巅峰时刻,她却毅然决然地回到了祖国。

外国一些媒体记者很不理解。周小燕说:"出国时,我的父亲对我说,第一,不要忘了自己是中国人;第二学成归来报效祖国。我认为自己已经学好了,获得了肯定和好评,应该回来了。"

就这样,1947 年,矢志不渝报效祖国的周小燕回来了。

回国之后的周小燕,立即投身到了革命当中,她为进步的学生奔走歌唱,为水深火热的人民奔走歌唱……她就这样一路唱着,迎来了祖国的解放。

胜利的 1949 年,周小燕应邀参加第一届全国文代会。已经为党和人民做出了诸多贡献的她,站在这支雄壮的队伍中时,依然心存愧疚:自己回来得有些迟,为祖国做得还不够多……

周恩来总理得知周小燕的这种想法之后,亲切地对她说:"革命不在迟早,只要站在人民一边就好。"周小燕深深被党的这种博大情怀所感染,继续全心全意地为人民服务的想法根深蒂固地埋植于她炽热而朴素的内心。

"为人民服务",周小燕归国后六十年如一日忠实地践行着自己的这份承诺。

逐梦箴言

　　成名成家，不仅仅要经历艰难困苦，更要志存高远，与祖国、人民同呼吸共命运。周小燕当下在中国声乐界举足轻重的地位，不仅源于她的歌声美妙动听，还源于她的这颗赤子之心。

知识链接

长城谣

　　《长城谣》这首歌是潘孑农、刘雪庵 1937 年七七事变后在上海创作的，原是为华艺影片公司所拍摄的电影剧本《关山万里》所作的插曲。影片讲述一位东北的京剧艺人，九·一八事变后，携妻女流亡关内，在颠沛流离中，自编小曲，教育幼女牢记国仇家恨的故事。故事里，幼女在流亡途中走失，被一音乐家收养。后来，在支援东北抗日义勇军的募捐演唱会上，幼女演唱了一首《长城谣》，这是音乐家根据幼女父亲编的小曲谱成的。这首歌使他们父女团圆，却仍然回不了家乡。

我的未来不是梦

■ 漫漫求索路

在一望无际的雪域高原，一个灵秀的姑娘站在山坡上，展开歌喉与同龄孩子们一起对唱着山歌，她宛如百灵鸟一般的歌声久久在山谷中回荡。这是童年的才旦卓玛，在家乡那片文娱活动稀缺的土地上，每天最快乐的时光。

才旦卓玛喜欢歌唱，就像喜欢辽阔壮美的家乡那样，深深为其沉醉和着迷。这份炽热的情感支撑着才旦卓玛，倾其一生为祖国母亲歌唱，为大美西藏歌唱。

如今已到古稀之年的才旦卓玛，依旧活跃在舞台上，用她婉转动听的歌喉为民族歌曲的传承再添浓彩。很多人都记得才旦卓玛的成就和贡献，但她年少时曲折艰辛的求索之路却鲜为人知。

在才旦卓玛尘封的记忆里，解放自己心灵的起初，是从西藏解放那一年开始的。雄赳赳气昂昂的解放军队伍进藏的时候，带来了部队文工团和宣传队等文艺团体。他们悠扬婉转的歌声时常出现在才旦卓玛家附近，每每此时，羞涩的才旦卓玛都会放下手中的零活，偷偷跑到音乐声飘出的地方，扒着门缝往里面看。她好奇着羡慕着幻想着……

梦想的引领，使才旦卓玛勤奋刻苦地练习，终于在民间艺人穷布仁次的悉心指导下，天赋异禀的才旦卓玛凭借藏族民歌《囊玛》，得到了日喀则文工团的青睐。然而，梦寐以求的机遇却遭到了才旦卓玛父母的强烈反对。

解放初期的西藏地区，人们的思想还很封建。在才旦卓玛父母的眼中，

花儿一样的女儿是要乖乖待在家中帮忙做点农活，然后等待着风光外嫁的，出去抛头露脸地唱歌简直就是大逆不道。

年轻的才旦卓玛要改写西藏姑娘的这种命运，所以她不断和父母交流，恳求。终于爱女心切的父母被她的执着打动，他们顶着巨大的精神压力同意了女儿的选择。

信誓旦旦奔往艺术之路的才旦卓玛，很快获得了一次新的机遇。她在西藏进修时期，恰好赶上上海音乐学院声乐系来此挑选学生，已经初露头角的才旦卓玛顺利把握住了机遇。

然而机遇也是挑战。进入到高等学府进修的藏族姑娘才旦卓玛，不会说汉语，不会写汉字，在这个处处需要汉语来交流的上海音乐学院，才旦卓玛要一切从头开始了。

习惯用藏语与人沟通的才旦卓玛，既要迅速克服语言交流的障碍，又要尽快跟上音乐学习的进度，巨大的压力始终伴随着才旦卓玛的这段岁月。

幸好，才旦卓玛在最压抑焦灼的日子，遇见了自己一生难忘的恩师王品素。当时朴实无华、勤奋好学的才旦卓玛深受王品素老师的喜爱，但由于之前王品素老师对于西藏音乐接触得很有限，所以在指导才旦卓玛歌唱技巧方面增添了很大的难度。

起初师徒二人的教与学，几乎没有语言的传递。王品素老师一遍一遍地示范，才旦卓玛根据王品素老师发音的口型，猜测着手势配合的意思，一点一点理解老师的意图，然后进行反复的练习。

每次回忆起当初艰难而曲折的学习情景，才旦卓玛都对王品素老师心怀着无限的感激。在才旦卓玛70岁对年轻人谈及自己经历时，仍对王品素老师的谆谆教诲念念不忘。"在上海音乐学院时老师没有封闭我，没有单用藏族的歌来套住我，而且让我学习外国歌手如何把握花腔女高音。当然有个前提，就是必须先唱好自己民族的歌。"

在王品素老师的悉心指导下，日臻成熟的才旦卓玛迎来了自己艺术生涯中的一次又一次机遇，并且创造出了一次又一次辉煌的成就。

然而令才旦卓玛感到终生遗憾的是，当初给予自己最大支持的父母双

我的未来不是梦

亲,没能亲眼看到女儿在舞台上大放异彩便相继去世,并且事发当时她都站在为祖国和人民献唱的舞台上,所以没能见到父亲和母亲的最后一面。

在鲜花和掌声涌向才旦卓玛的时候,她真想向双亲致以最崇高的敬意和感激,可她却永远都没有机会来实现这样的心愿了。

遗憾,泪水,艰苦,奋斗,种种复杂的故事和心情,锻造出了一个中国顶尖女高音艺术家才旦卓玛。

逐梦箴言

机会总是留给准备好的人。只有自己一直坚持不懈地努力,才能得到机遇的垂青和眷顾,进而铺就攀登的阶梯,最终达到艺术的巅峰。

知识链接

才旦卓玛

才旦卓玛,1936 年 7 月出生,藏族民歌手,女高音歌唱家,中国文联副主席。是新中国藏族第一代歌唱家。1964 年刚毕业就被选中参加大型音乐舞蹈史诗《东方红》的演出。演唱的主要歌曲有《翻身农奴把歌唱》《唱支山歌给党听》《北京的金山上》《阿玛列洪》《酒歌》等。曾多次参加中央民族歌舞团、西藏歌舞团出访欧、美、亚、非等几十个国家,驰名中外。

王品素

王品素(1923,4,30 ~ 1998,12,11),女,河南开封人。1939年加入中国共产党。1946 年毕业于上海音乐专科学校声乐系。曾任西南美术专科学校讲师、南京师范学校教员。建国后,历

知识链接

任中央音乐学院华东分院音乐工作团指导员,上海音乐学院讲师、副教授、教授、声乐系副主任。她是著名声乐教育家,先后培养出才旦卓玛、何纪光、傅祖光、宗庸卓玛、巴德玛、拉姆措等著名少数民族歌唱家以及曹燕珍、冯健雪、牛宝林、葛军等一大批著名歌唱家。为表彰她在民族声乐事业上的奉献精神和卓著业绩,党和国家多次授予她"全国三八红旗手"、"全国民族团结进步先进工作者"等荣誉称号。

才旦卓玛

我的未来不是梦

■ "玉鸟儿"杜丽华

　　舞台之上，镁光灯聚焦的地方，已近花甲之年的她，目光炯炯，一段段熟悉的旋律从她嗓中向上升腾，带着时光的印记，带着历史的承转，而她的目光却竟是如此的温软，轻轻抚慰着哀伤，静静吟唱着生命。紧握的话筒好像有点变得沉重，但此刻的她，整个身体变得无比的轻盈，随着潺潺而出的歌声飘向了远方，回到了她成长的地方。

　　年少的她，梳着满头的小辫儿，穿梭在成都那竹篱笆、竹桌、竹椅、竹几构建的戏园子，这是五六岁时她和母亲最流连忘返的地方，刘奎官、马连良等角儿的戏，迷得她魂儿出窍，一张嘴就是"一马离了西凉界"、"海岛冰轮初转腾"……虽不懂唱的内容，但她有板有眼地唱着，像模像样地学着，可能在这个年纪，就注定了她一生都要歌唱，有点儿早，却已经开始了。

　　在她开始懂得了自己叫"杜丽华"的年纪，如果不是母亲阻拦，她差点就成了"下声戏社"中娃娃班中的一员，而少了一个唱"阿诗玛"故事的传奇人物。

　　有着浓得化不开的"舞台情结"的杜丽华，考入女中之后，无论是合唱团还是话剧社，她从不放弃学校里任何一次登台演出的机会。直到1950年考入了四川音乐学院的前身成都艺专音乐科，她有幸成为抒情花腔女高音歌唱家、声乐教育家郎毓秀的学生，曾经留学于比利时皇家音乐学院声乐系和美国辛辛纳提音乐学院的郎毓秀，给了杜丽华最规范的西洋发声训练。

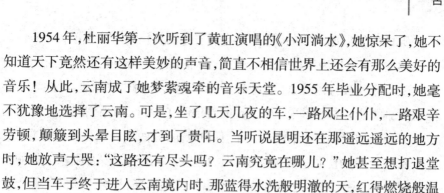

　　1954 年,杜丽华第一次听到了黄虹演唱的《小河淌水》,她惊呆了,她不知道天下竟然还有这样美妙的声音,简直不相信世界上还会有那么美好的音乐! 从此,云南成了她梦萦魂牵的音乐天堂。1955 年毕业分配时,她毫不犹豫地选择了云南。可是,坐了几天几夜的车,一路风尘仆仆,一路艰辛劳顿,颠簸到头晕目眩,才到了贵阳。当听说昆明还在那遥远遥远的地方时,她放声大哭:"这路还有尽头吗? 云南究竟在哪儿?"她甚至想打退堂鼓,但当车子终于进入云南境内时,那蓝得水洗般明澈的天,红得燃烧般温暖的地,抚平了浑身颠得散了架似的懊恼,云南就这样以它袒露的火热情怀,拥住了这位未来的歌唱家。

　　天生我才必有用。在云南省歌舞团,杜丽华终于打开了云南民族民间音乐的大门,大理的风花雪月、景颇山的璀璨阳光、瑞丽江畔的淡淡薄雾、圭山的峻秀、长湖的清凉、火把节的狂欢统统化作滋润她清亮甜美歌喉的营养液,她找到了西洋发声与中国民族民歌演唱相融的最佳契合点,达到了钱钟书所说的"沆瀣融合,无分彼此"的艺术理想境界。在她 22 岁就被封为"青年歌唱家",先后在歌剧《洪湖赤卫队》《货郎与小姐》、傣族歌剧《娥并与桑洛》、白族《望夫云》等剧中担任女主角。由于有幼年唱京剧的底子,她又问津滇剧,演唱《葫芦信》《古琴魂》等滇剧唱段时,无论是发声、吐字、用气、行腔、传情皆有板有眼,字正腔圆。

　　为影片《阿诗玛》配唱,是杜丽华的青春年华绽放的一朵香气四溢的艺术之花,她把在边疆民族地区向民间艺人学习的演唱方法,乃至民族语言特有的音节变化、河南梆子的哭腔和一些地方剧种的拖腔、滑音全融入了《阿诗玛》的演唱中,以情带声,以声传情,当她在影片录音前作汇报演唱时,作曲罗宗贤感动得热泪盈眶。她把生命的大部分精力和全部热情都献给了"阿诗玛"! 为了能够更好地唱出阿诗玛的感情,杜丽华开始日复一日地排练,每天天不亮就起床,坐公共汽车到排练厅,在作词作曲的指导下开始练声,常常一练就是一天,嗓子唱哑了,就喝口水润润再唱。时间一长,很多人就都知道"阿诗玛"在这里练声了,都纷纷过来一饱"耳福"。甚至有一位女同志,每天早上杜丽华还没到,她就已经早早地到门口等着了,就为了

听一听杜丽华唱那经典的《马铃儿响来玉鸟唱》《长湖水清又凉》。

然而，由于政治年代的动荡不安，一部凝集着众多艺术家心血的影片没放映几场就被打入冷宫，直到1977年在电影公司放映厅里，杜丽华才第一次看到了影片《阿诗玛》，第一次完整地听了她自己的配唱，而十几年的沧桑，当年的合作者们有的已作古，有的患病，杜丽华自己也两鬓如霜。百感交集的杜丽华伤心得痛哭流涕，泪洒放映厅。走过了岁月阴霾的杜丽华决心让她"已失掉唱歌的感觉"的歌喉重新响亮起来，年逾不惑的她重当学生。施鸿鄂、罗容钜、沈湘等大家的指导，让杜丽华的歌喉重新焕发出青春的光彩，她同田智周在云南艺术剧院举办了文革后的第一场个人独唱音乐会，备受文化饥渴的观众把楼厅的台阶和剧场过道都塞得满满的。此后，她又在天津举办了独唱音乐会和声乐讲座，与香港台籍男高音共同举办音乐会，在湖南、湖北、四川、广州的演唱备受观众欢迎。她还为《孔雀飞进阿佤山》等多部电影、电视剧录制了主题曲，并录制了《姑娘生来爱唱歌》等唱片。从此，这只在云南山山水水中汲取灵感的"玉鸟儿"，重新展开了羽翼，带着她那清脆的歌喉飞遍了祖国，飞向了圣洁的艺术殿堂。

杜丽华，当年那个有着"玉鸟儿"般歌喉的少女，如今也不堪时间的侵蚀，脸上缀上了皱纹，但她的歌喉依然清澈，依然和"阿诗玛"一样，凝刻在了我们的记忆当中，舞台上的她依然风华正茂。

"马铃儿响来哟，玉鸟儿唱，我和阿诗玛回家乡，远远离开热布巴拉家，从此妈妈不忧伤，不忧伤……"伴随着这清亮高远的歌声，我们感受到了云南那片宁静清纯的天地，也深刻地体会到了一位歌唱艺术家在音乐中获得"重生"的欣喜，让歌声带我们穿越时空，继续感悟生命。

逐梦箴言

　　因为喜欢，继而热爱，那就用一生的时间去实现你的梦吧！生命苦短，百年已是长久，生命的精彩不在于完成了多少的丰功伟绩，而在于你是否按照内心的指示前行。杜丽华，阿诗玛，云之南，已经成为了国人永远的记忆，并永将在艺术的星空中闪烁光亮。

知识链接

杜丽华

　　杜丽华，女，1933 年 5 月生，山西五台人，中共党员。1955年毕业于四川音乐学院声乐系，云南省歌舞团一级演员。国务院授予"有特殊贡献表演艺术家"称号。1956 年参加全国音乐周演唱傣族歌曲《幸福的日子》《哈尼姑娘赶街》，被文化部授予"青年歌唱家"殊荣。为影片《阿诗玛》配唱，还为《孔雀飞进阿佤山》《黑面人》《过桥情》《聂耳故乡情》等电影、电视剧录制了主题曲，并录制了唱片《姑娘生来爱唱歌》《苍山歌声永不落》《撒尼人民心向红太阳》《景颇山上丰收乐》等。

■ 坚定的逐梦人

　　嘉陵江畔,水雾氤氲,晨风鼓动着雾气正渐渐消散,翻涌着白色泡沫的江水如怨如歌地向天边荡漾而去。江边的细沙石砾开始升温,空气因温度的持续升高而变得紧张,天还未彻底放晴,湿热的气浪却早就沾裹着身体,并逐渐侵扰着心境。但对于出生在江边的孩童来说,这样的天气耍起来才过瘾,才痛快。一群玩着足球的小朋友在江畔打起了比赛,足球在地上东奔西撞,喊叫声也挣开了暗灰色的空气,混合着江涛的澎湃,流向远方。

　　足球又一次滚到了小吴国松的脚边,正前方三四米的地方就是用石块垒砌的不高的球门,一个小个子男孩弯着腰、眼睛瞪得好大盯着自己,小吴国松抬起右脚正准备大力射门,却被远方传来的一串声音吓到了。那声音,带着远古的醇厚、雄性的激昂越过滚滚涛声袭来,"呦吼吼、嗨呦吼……",嘉陵江畔纤夫的劳动号子撩拨着小吴国松的耳膜,往常也听过四川号子,今天的这个旋律却是格外地动人与震撼。小吴国松忘记了踢球,顺着江边潮湿的堤坝朝着这一声声号子飞奔而去,说不清楚是怎样神奇的力量驱动,那一刻,他只想和这个声音更近些、更近些。

　　多年之后,在重庆市解放碑举办演唱会的吴国松,一开场便先声夺人,以劲烈的四川号子震撼了所有观众,有的甚至攥不住手里的物品,以致"应声而落"。而他,依稀记得儿时在嘉陵江边,在阴云江水之间,光着黝黑的膀子,喊唱四川号子的劳动者们,那时的震撼一直伴随着他,久久难忘。

　　四川号子对吴国松的影响可谓深远,即便是接受了正规的声乐训练,

他依然难以舍弃这一早已融入他生命和灵魂的一声声呐喊。而提到吴国松的学习经历更是充满着艰辛与磨难。

15岁的吴国松进入成都歌舞团，扮演的角色却往往是老气横秋的中老年人，为了能够更为真实地表现出老人的形态特征，正值少年的吴国松每天弓着腰、蹒跚着脚步模仿、揣摩、练习，演技虽然一天天精进，而老态的形体却在多年之后才扳过来。就是这样一股不服输、踏实练功的劲头，使得吴国松的演唱道路走得又宽又稳。

在排练与演出的过程中，吴国松开始接受正规的声乐训练。他师从当时四川音乐学院教授刘振汉，但因先天条件并不够优秀，一开始刘振汉教授没有全力教授这个学生。吴国松并没有放弃，而是更加努力地加强声乐的每一项基础练习，以刻苦努力、谦逊有礼的态度逐渐打动了刘振汉教授，在刘教授的栽培下，吴国松的演唱能力日益增进，在成都地区开始小有名气。

正当吴国松开始酝酿大展宏图的时候，刘教授却提出让吴国松去北京继续学习。作为一名歌唱家，不能囿于一地的事业成功，要拓展视野，接受更为精湛的艺术熏陶和艺术指导。刘教授将吴国松推荐给了中央音乐学院魏鸣泉教授。吴国松听从了恩师的教诲，一个人去了北京。

北方的冬天，彻骨的寒风驱赶着任何一丝暖意，在冰雪天地间，唯有萧索的西风低吼着难以忍受的歌调。对于南方长大的吴国松，第一次见到这么大的雪的兴奋劲儿还没退去，身体早已被寒风冻僵，而比身体的寒冷更难受的，是被老师扫地出门，无师可拜。

在名满天下的魏教授眼里，吴国松就是一个四川娃儿，一个先天条件并不优秀的学生。地方的宠儿来到首都北京，立即被打回原型。再次遭遇窘境，吴国松当然不会放弃，因为他知道，"精诚所至，金石为开"。

由于身上的钱不多，吴国松只能住20块钱一天的旅店，这是一个众多人同在一个大房间的老式旅店，南来北往的小商小贩、走街串巷的民间艺人等等集聚在同一个屋檐下，可想房间中会是怎样嘈杂无章、烟酒无度的状况。对于一个歌唱演员而言，需要一个相对安静、清洁的环境去练习歌

我的未来不是梦

唱,而目前,吴国松完全没有这样的环境。

不练声,就难以赢得魏鸣全教授的青睐,千里迢迢来到北京的吴国松被逼迫到了一个艰难的处境。实在没有办法,吴国松只能四处寻找能够练习的场所。终于,他在旅店附近的一家邮局找到了!于是,每天晚上,吴国松趁工作人员下班之后,在邮局办公大厅借着路灯看谱子,有时还要躲在厕所里练习发声……多少个夜晚,静默的大雪渐渐铺平了北京的街道;多少个夜晚,狂风席卷着残雪吼啸而来击打着墙壁;多少个夜晚,嘉陵江水似乎在耳边如亲人般的倾诉;多少个夜晚,四川号子狂烈地回响在年轻的胸膛;多少个夜晚,吴国松望着天边的朝阳在晨雾中拨开阴霾照耀天地……就是这些个不眠的夜晚,吴国松练着、唱着、陶醉着、坚持着!

天亮了,吴国松带着疲惫的身体回到旅店睡觉,几个小时后又要去上课。就这样度过了最为艰难的一段时期。天道酬勤,魏鸣泉教授终于听到了他的进步,感受到了他歌声中传递出的真情,不再将他拒之门外。之后,便对吴国松进行了更为正规、严格的训练,使得他歌唱事业又一次跨上高峰。

难以忘怀的那些夜晚,难以报答的那些恩师,还有儿时耳边轰隆隆震响的四川号子,浸染着艰难岁月的苦难,吴国松一路高歌,坚持着最为纯朴的梦想,在歌唱事业上演绎着男儿的激荡豪情,朝着更为宽阔的艺术道路前行,前行!

逐梦箴言

冥冥中,总有一个战栗的声音、一个模糊的画面、一个难以明言的理由让我们朝着梦中的理想奔去,随着岁月的更替与洗礼,我们可能会理性地放弃,或者继续任性地追逐。无论怎样,无论遭遇怎样的折磨与挫败,冷眼与淡漠,我们都要扪心自问,自己是否可以再坚持一下,再向前迈进一步!

知识链接

吴国松

吴国松,男高音歌唱家。国家一级演员,1993 年起享受国务院颁发的特殊津贴,是中国音乐家协会会员、中国演出家协会会员 。《三峡情》是其代表作。此外,中国广大的观众所熟悉的歌曲《年轻的朋友来相会》《川江号子》《那就是我》,以及早期的民族通俗歌曲《采蘑菇的小姑娘》《美丽的小河水》《点点夜露》《塔里木夜曲》《祝愿歌》《黄洋扁担》等歌曲经他演唱后,在社会上广泛流传。

吴国松

我的未来不是梦

■ 军营中的新民歌天后

　　李晖轻轻合上钢琴，整理好歌本，走出了琴房。

　　夕阳的斜晖铺满了长长的走廊，满眼灿烂的光亮和温暖的色彩让年轻的李晖心中安静而充实，她哼唱着喜爱的曲调，沉浸在晚霞变幻各异的流光中，沉浸在嘴角唇边的轻吟低唱中，那一种身心欢愉的状态，而今回想起来，还是那样的真实，那样的满足。

　　这时，让李晖的生命出现了传奇般改变的人，让她感激一生的王世奎老师刚好路过琴房，他看见了陶醉于晚霞的流光溢彩中的李晖，便问了一句："报名了没啊？""报名？"李晖一愣，突然想起来，今天是中央音乐学院面向全国招生，报名的最后一天。"还没呢，"李晖有点不好意思，低着头盯着脚尖。王老师好像非常着急，"那还等什么啊，赶紧去啊！""啊？好！"李晖夹着歌本，顺着走廊尽头的楼梯下楼而去。望着远去的小姑娘，王老师微微笑了笑，自言自语道："还真是沉稳啊。"

　　拾级而下的李晖，一步一步向着报名的办公室走去，也回想着自己是如何一步一步走到现在的：十几岁就当了警察，一名公安干警，因在单位组织的联欢会上唱的一首《父老乡亲》，领导认为她是个可塑之才，便介绍给了享誉全国的歌唱家金铁霖，现在跟着金铁霖的研究生王世奎老师学习声乐，总计也才二十几节课。就这二十几节课的训练，能考得上吗？李晖回想着、疑惑地问着自己。"不去想那么多了，我爱唱歌，我还要唱好！"李晖整理了一下衣装，敲开了报名办公室的门。

　　已经是下午5点多了,办公室的工作人员也快下班了。李晖的到来让他们有些意外,这都什么时候了才来报名,这个姑娘还真是不着急啊。填好了报名表,第二天就是一试。李晖唱了《白发亲娘》《沂蒙山》两首歌曲,出色的发挥让她顺利过关。二试时,面对着中央音乐学院各位全国知名的教授,尤其是她第一次见到了金铁霖老师,李晖隐藏起心中的忐忑,以一首饱含情感、充满力量的歌曲征服了所有的面试官。面试后,老师们看着这位最后一个报名、最后一个参加面试、穿着警服的小姑娘心生欢喜,纷纷拥抱了她。那种被宠爱的感觉让李晖的心一阵阵狂跳,一半紧张一半欣喜,满是对未来的期望。

　　在中央音乐学院的时光短暂而又充实,李晖迅速成长了起来。这位师从金铁霖老师、宋祖英的小师妹在歌唱事业上开始闪耀光芒,毕业时更是有多家歌舞团等单位夺抢这位冉冉升起的新星。

　　而在李晖心中,一直都有着对军人的敬仰与热爱,风雨中展荡的红色军旗有着无限的吸引力和召唤力,李晖觉得,一穿上了军装,满身的激情就会被激发出来,在军队中的锻炼会让自己成长得更快,而人生也会更具有介值。于是,战友歌舞团成为了她第一选择!

　　站在排练室的镜前,李晖整理着领口、肩章、胸章……那一刻,她的内心无法平静。从脱下警服的那一天,李晖就渴望能够再一次穿上这身绿色的制服,而今加入战友歌舞团之后,这一身军装不仅仅是身份的象征,更是一份责任、一种担当,而让李晖对这身戎装有更深刻认识的,是以后那一次次去基层部队、边防哨所慰问演出的难忘经历。

　　第一次下部队,李晖就去了边远艰苦的内蒙古阿拉善。茫茫戈壁,朗月清辉,大漠孤烟、落日红霞,这一从汉唐到如今,被许多诗人描绘的边塞风光,深入其中之后才知道,远远没有那么浪漫。能看到的,只有无垠的戈壁荒石,一棵树一棵草都看不到;耳边呼啸而过的,是狼啸般的狂风,细沙砾石扑面而来,打在身上疼痛难忍。正出门前备齐的阳伞、太阳镜、防晒霜等一次都没有用上。不是不想用,而是,当你看到那些战士在烈日毒阳下炙烤、在狂风中傲然站立的时候,那些保护容颜的东西显得毫不重要,在

艰苦的环境中才能得到锻炼，与战士们同甘苦共患难，才会让自己更加坚强，李晖抱着这样的信念，一处一处引吭高歌，为战友们送去祝福的歌声和远方亲人的问候。

那一天，在去银川某部队的路上。颠簸的旅程、焦烈的阳光让李晖昏昏欲睡。已经行驶了好几天的路程似乎还望不到尽头，沿途也并无风景可欣赏。李晖回想着这几天以来，所到之处演出的经历，一幕幕都让她心潮起伏，一路唱，一路哭，李晖从来没觉得自己这么脆弱。

累了，李晖闭上眼睛打算休息一下。

忽然，仿佛听到了锣鼓声。声音很小，却慢慢真切起来。车子在路上向前，这声音越来越大，鼓点敲击着燥热的空气，迸发出狂烈的激情。李晖望向窗外，远处，天空中飘荡着五星红旗，军营外的道路两旁白杨耸立，树下，两排战士敲锣打鼓，甚至连脸盆、瓷缸、擀面杖都用上了，红绸飘舞，期盼中的战士们那个兴高采烈劲儿就甭提了。李晖完全醒了，内心的热情瞬间也被点燃了，喉咙处痒痒的，就想大声高歌一首，不，是多首歌曲，让战友们听个够！

没有舞台，就在操场上、甚至围着厨房的灶台边唱；没有伴奏，就单凭嗓子清唱，和战士们大合唱；给整营的官兵唱，给站岗的两个小士兵唱，唱祖国、唱家乡、唱军营、唱新世纪的国防、唱新世界的梦想……唱啊，唱吧，生命就在这歌唱中绽放光芒，之前在舞台上、在聚灯光下歌唱的李晖，从未有过如此地激动与兴奋，不觉苦不觉累，想唱得再大声点，想唱得再久些……

面容姣好的她，更为热爱的是身上的这身军装。她在连队营房唱过，她在边疆哨所唱过，她在抗灾一线唱过，她在庆功欢宴上唱过，她唱着对战友的热爱、对祖国的忠诚、对生命华章的赞美，一路行来，她永远是那万绿丛中一点红。

逐梦箴言

　　歌唱，从来不是单纯从嗓子中出来的声音，它凝聚着歌唱者全部的生命经验与生命感悟。李晖，这位军营中的新民歌天后，正是在部队的不断锻炼中，让声音穿透得更远，更深入人心。梦想，也从来不是简单地从口中冒出的誓言，它是在不断的磨砺中，在不断的敲打下，融汇了追梦人所有的激情与执着、奋斗与坚持才会照进现实的！

知识链接

李晖

　　李晖，女，河南省鹤壁市人。北京军区政治部战友文工团优秀青年歌手，全国青联委员。1999 年毕业于中国音乐学院，师从著名声乐专家金铁霖教授。大学毕业后被战友歌舞团（现战友文工团）录取为独唱演员。除了完成部队的任务还多次参加中央电视台及文化部春节文艺晚会、元宵晚会、双拥晚会，多次参加中央电视台心连心、激情广场、欢乐中国行等大型晚会的演出。代表作《美丽家园》《庐山恋》。

灵魂歌王——雷·查尔斯

2004年6月12日，雷·查尔斯因肝病并发症逝于加州，享年73岁。这是一位美国音乐史上传奇式的人物，甚至可以将他视为黑人音乐界的泰斗。也许，唯有猫王——普雷斯利和甲壳虫乐队这样影响几代人的音乐人可以与他相提并论。"灵魂歌王"用其闪耀的一生划破夜空，带给我们震撼，让凡俗生活中的人们愿意去追问生命的意义和价值。

在辞世的几个月前，雷·查尔斯曾在接受采访时说："泰勒完成了他的作业，他将我的人生优美地记录下来。我愿意让人们知道我从小到大经历的种种考验和磨难，我的意思是说，我经历过美好，也经历过阴暗。如果你能坚持，如果你知道何去何从，你就能从层出不穷的不幸中恢复过来。换句话说，你之所以不愿放弃，是因为失败了太多次。"

在他病逝后不久，他最后一张专辑又一举赢得了八项大奖。对西方流行音乐有所了解的人们，不得不承认这位音乐人的一生绝对是一个传奇——毕竟他还是位盲人。

1930年，雷·查尔斯出生于美国乔治亚州。从6岁开始，雷的眼睛出了问题，视力愈来愈弱。雷的母亲对他非常严格，在他失明后，还教他洗衣、生火、烧水。他说："旁人都认为她十分残忍，可我母亲一直认为，我必须要学会这一切，眼睛看不见并不代表我比别人笨。"查尔斯7岁时就永远看不见世界了，但世界以另一种状态呈现在他的面前。母亲送他到佛罗里达圣奥古斯丁的一家残疾学校读书，在那里，他用布莱叶盲文学乐谱，创作音乐，

并先后学会了弹钢琴、风琴，吹喇叭和吹奏萨克斯管。这个世界没有放弃在他面前展现所有的美好，查尔斯一直心存感激。

15岁离开学校后，年幼且目盲的查尔斯开始独自追求他的音乐梦想，他开始在夜总会表演。1948年查尔斯来到西雅图，开始组成第一个三重唱，接下来几年乐团编制不断加大。50年代，雷·查尔斯开始在黑人节奏蓝调榜上多有斩获，之后他成功地突破"黑白"界线，打入流行市场，整个20世纪60年代到90年代都是他的黄金时期，近35年里几乎每年都有录音作品问世，他的声音频频出现在电视电影当中。

然而，生命从来不是如此的平坦，吸毒差点让查尔斯的事业毁于一旦，也威胁到了他的婚姻。但他在音乐中获得了救赎，他可以放弃生命，但他无法舍弃音乐。作为黑人音乐家，由于他反对种族歧视的行为而受到家乡乔治亚州禁唱，通过这一战争重新对他追求平等的人生原则进行了最完美的阐述。他在音乐中自救，被音乐拯救，也拯救了音乐。历史也不会随机选取一个人作为它的代言人，但雷·查尔斯是一个光辉而担当得起伟大一词的人。

爱尔兰大师级音乐人范·莫里森对雷·查尔斯如此评价："雷证明了最好的音乐可以超越任何界限，涉足到每一个领域。他能做出任何类型的音乐，同时还能忠于自我。这一切，都有关他的灵魂。他的声音美妙得足以令人晕倒，你能听到布鲁斯，听到R&B，听到福音，这些是我之前听的所有东西，而现在却被融入这么一种令人惊异却又充满感情的音乐之中。"美国乐评杂志曾经写道："他不仅是伟大的音乐家，令人惊叹的唱片制作人，还是个极为出色的经纪人。""那是心无杂念的灵魂在歌唱"……

莫言说："正因为世上有不可摹仿的榜样，才使我们的凡俗生活偶尔被超凡脱俗的光芒所照亮。"临终之前，雷·查尔斯推出了他的第一万场音乐会，并与B·B·金、诺拉·琼斯、威利·内尔森、詹姆斯·泰勒等12位知名歌手合录了最后一张对唱专辑《真情奉献》。这位传奇音乐人最后一次公开露面，当时他坐着轮椅参加了在洛杉矶的录音棚为他而举行的一次庆典。雷去世的第二天，刚好是美国前总统罗纳德·里根下葬的日子，所

我的未来不是梦

083

以葬礼那天，许多电台都放着雷在1985年里根就职典礼上令人难忘的表演——他演唱的《美丽的美国》。它让无数的美国人为之动容，潜然泪下。

逐梦箴言

"落霞与孤鹜齐飞，秋水共长天一色"，统治歌坛三十余年，一代灵魂歌王的横空出世让我们的眼前不禁浮现出王勃的千古名句所写意的万千气象。生于坎坷，长于磨难，成于救赎，在一个个艰难的时刻，梦想的光亮支撑着孤独的王者前行。所谓传奇，正是脱胎于司空见惯的寻常梦魇而不为其所束缚。

知识链接

猫王

猫王，埃尔维斯·普雷斯利（1935.1 – 1977.8），美国摇滚乐史上影响力最大的歌手，有摇滚乐之王的称誉。20世纪50年代，猫王的音乐开始风靡世界。他的音乐超越了种族以及文化的疆界，将乡村音乐、布鲁斯音乐以及山地摇滚乐融会贯通，形成了具有鲜明个性的独特曲风，强烈地震撼了当时的流行乐坛，并让摇滚乐开始如同旋风一般横扫了世界乐坛。

甲壳虫

甲壳虫（The Beatles），20世纪最知名的英国摇滚乐队，1956年成立于利物浦，成员包括约翰·列侬（1940—1980），保罗·麦卡特尼（1942—），乔治·哈里森（1943—2001）。1962年，林戈·斯塔尔加入。1970年，乐队解散，四人分道扬镳。

月光女神

　　她的声音宛如穿越丛林,越过溪涧的清泉瀑布,时而是驰骋边塞戈壁的红鬃野马,时而是凌越于空谷幽月中的白色小鹿,狂野到了极致,又空灵到了极致,仿佛带你漫步云端,吞吐一抹云雾的气息,灵逸飘缈都化作声音的表达,缭绕在你的心田与魂灵。流行音乐、古典音乐和舞台剧原本是无法融合甚至对立的音乐空间,但是她的歌声,却极具创造性地将它们融合在了一起。她用极为难得的艺术手法,将所演唱的音乐表现出来,而且仍能不损其原味。其绚丽多彩的美丽造型带人们进入如痴如醉的梦幻世界,不论在音乐上还是在视觉艺术上,她都达到了别人无法达到的极致……她就是被誉为"月光女神"的莎拉·布莱曼。

　　莎拉·布莱曼有着不同寻常的音乐生涯。1960 年 8 月 14 日,她出生于英国,从小她就目标明确地要成为一名艺术家。她 3 岁开始学习芭蕾舞并在当地的节日庆典中登台表演。11 岁时,布莱曼进入艺术学校学习爵士和表演,期间,有一次她由于被其他学生嘲笑而逃学,但她最后还是回到了学校。

　　不过,到那个时候为止,所有人,包括她自己在内,都坚信她将成为一名职业舞蹈家。母亲保拉至今记得,12 岁那年,莎拉在学校的期末汇演上穿着吊带裙,演唱了《爱丽丝漫游仙境》中的一首歌曲。"我从来不知道她能唱得那么好,当她唱到高音的时候 所有人都为之倾倒。我相信,就从那一刻开始,她就与歌唱不可分离了。"莎拉的母亲这样回忆道。仅仅一年之后,学校将小莎拉送去参加著名导演约翰·施莱辛格的新作、音乐剧《我和阿尔伯特》的选角,并获得了其中的两个角色。这次小小的成功不仅仅使

我的未来不是梦

085

得莎拉以 13 岁的年纪首次登上了皮卡迪利剧院的舞台,更激发了她对于舞台艺术长达一生的渴望。

而促使莎拉·布莱曼真正走上歌唱事业的,是她在 1981 年接触到了著名音乐剧《猫》和该剧作曲安德鲁·洛伊·韦伯。

1981 年,布莱曼参加音乐剧《猫》的面试,结果刚刚开口唱了两句就被打断了。有人通知她:该剧作曲安德鲁·洛伊·韦伯请她第二天到家里去面谈。21 岁的布莱曼自然知道这次会面对自己的重要性。为了显示自己符合剧组招聘要求中"与众不同"的要求,她把自己精心打扮了一番,从上到下一身碧绿,还弄了个蓝色的莫希干头,就这样出现在韦伯面前,演唱了韦伯在 1976 年的作品《阿根廷别为我哭泣》。几个月之后,她获得了杰米玛这一角色。

在音乐剧《猫》剧组差不多一年的时间了,莎拉·布莱曼转到了查尔斯·施特劳斯的儿童剧《夜莺》中担任主角。有一天晚上,韦伯决定去看一看她在剧中备受好评的表演,结果大吃一惊:"这样一副上天赐予的好嗓音,竟然白白让她在自己的剧组里耗了一年!"这个夜晚改变了韦伯和布莱曼日后的事业和生活。因为,以后让莎拉红极一时的《歌剧魅影》,作为女主角克莉丝汀的音乐就是韦伯根据莎拉的音域而作。结果,莎拉·布莱曼和饰演魅影的迈克尔·克劳福德皆一炮而红。此后,莎拉在音乐事业上开始风生水起。

1996 年,德国著名拳王亨利·马斯克为结束自己的运动生涯而筹备了一场告别拳赛,他特意找到自己非常钟爱的歌手莎拉·布莱曼,邀请她在自己的告别赛上进行演唱。布莱曼欣然接受,而后经过精心筹划、挑选,最终选中了这首《Time to Say Goodbye》。布莱曼还请到波切利与自己联合演出。当年 11 月举行的告别赛上,亨利·马斯克意外落败,而当此时《Time to Say Goodbye》那动人心魄、感人至深的旋律在落寞中陡然响起,令闻者无不动容! 这首歌曲也和莎拉·布莱曼的名字一道,深深印入歌迷心中。后来有媒体甚至将其形容为"一个拳王传奇的告别,造就了另一个音乐传奇"! 次年,以这首曲目为主打的专辑一经发行便以万钧雷霆之势,横扫古

典流行跨界音乐领域，登上了欧洲冠军歌曲宝座，更在全世界获得了其他古典音乐所无法望其项背的发行量。

让国人熟知莎拉·布莱曼，是在 2008 年 8 月 8 日，莎拉与中国歌手刘欢在北京奥运会开幕式上以英文和中文共同演唱了奥运会主题曲《我和你》。那一曲沁人心脾、如水似月的灵魂吟唱，给激烈甚至残酷的体育赛事染上了一抹温柔浪漫的色彩，成为奥运会历史上又一经典曲目。此后，莎拉·布莱曼也受邀多次来到中国演出。

作为一位歌唱家，少有人能像莎拉·布莱曼这样，如此地才华横溢，如此地风格唯一。那极具个人气质的歌声，虚幻、空灵、纯净，时而清新甜美，时而高亢震撼，营造出无边无际的空间幻觉，令她直入云霄的高音不仅不会刺耳，反而抹上一层天籁色彩，让人充满迷惑与想象，就像航行在海上孤寂的水手听见美人鱼的吟唱般，成为一种方向感的皈依，一种心灵的折服。每当她的歌声响起，人们仿佛徜徉于月光如水的夜晚，仰望繁星闪烁的苍穹，内心总是不可救药地迷失在她那柔情美声里，就像是在逃离烦闷躁动的心路上，莎拉的歌声永远是最好的伊甸园。

逐梦箴言

梦想，往往依托着天生的禀赋。这种禀赋是上天的恩赐，而不负这种恩赐最好的办法，就是一步一步踏实前行！莎拉·布莱曼有着无与伦比的天赋，但在闪耀的光环背后，是她历经时光洗练而裸露出来的原初本色。不改初衷，坚持而行，乘风破浪，铸就辉煌！

我的未来不是梦

知识链接

莎拉·布莱曼

莎拉·布莱曼,1960 年出生,是继世界三大男高音帕瓦罗蒂、卡雷拉斯和多明戈之后世界乐坛涌现出的另一个天后级人物。她与安德鲁·波切里被称为跨越古典与流行的标志性艺人。她首次登台就获得了让人垂涎三尺的音乐剧《猫》的演出权;是经典音乐剧《歌剧魅影》(又名《歌剧院的幽灵》)领衔女主角;她在巴塞罗纳奥运会上受邀与歌王卡雷拉斯同台演唱;她精于歌剧咏叹调的诠释,但同时又以全新的风格翻唱世界老牌摇滚组合 QUEEN(皇后乐队)的名曲而名声大噪;她演唱的西班牙语版"泰坦尼克号"主题歌《我心依旧》让无数的流行歌迷为之倾倒;被BBC选为戴安娜王妃葬礼上主题音乐的歌曲《永相随》震撼了全世界;她的唱片销量屡屡登上欧洲、北美和亚洲地区排行榜的冠军;一首单曲在全世界销量超过 1000 万。

《猫》

《猫》是音乐剧历史上最成功的剧目,曾一度成为音乐剧的代名词。该剧创作于 1981 年,是在伦敦上演时间最长、美国戏剧史上持续巡回演出时间最长的音乐剧。1981 年 5 月 11 日首演于伦敦西区新伦敦剧院,到 2000 年 6 月该剧正式宣布停演时,已在全球演出了 6000 多场。该剧创作精良,表演水平精湛,36 位出场演员各有各的绝活,片中的老猫格里泽贝拉由大家熟悉的依莲娜·佩吉扮演,她被一些媒体称为英国音乐剧"第一夫人"。

心灵的抚慰者

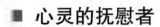

当人类怀着难以捉摸的情绪刚刚走进 21 世纪的时候,物质空前繁荣,后现代的精神世界也异彩纷呈,人类天马行空的想象力得到巨大的实现,但人类也愈发觉得心灵世界开始变得焦灼起来,有种狂躁的火焰不停地炙烤着身体,让人心生不安。也是在此时,一个女声仿佛从天际传来,带来了一场浸润灵魂的春雨,抚慰着人们的心灵。她就是独树一帜的恩雅。

1961 年 5 月 17 日,恩雅出生在爱尔兰西北部,父亲是爱尔兰著名乐队的主唱,母亲也是位业余音乐家。

19 岁那年,恩雅打消了进入音乐大学的念头,而是加入由姐姐、两个哥哥及双胞胎叔叔所组成的家族乐团中担任键盘手,两年严格紧凑的巡回演唱经验,让恩雅对爱尔兰传统民谣有了更多的了解,但她想进一步地完善这些歌谣,并赋予它们新的生命力。于是,她将这些传统民谣重新编曲,逐渐变成了恩雅独具特色的演唱形式,以其极具辨识度、具有强烈感染力的"新音乐"在爱尔兰、英国及欧洲等地拥有崇高而权威的地位。

1988 年,恩雅发行首张个人专辑《水印》,发行至今累计卖出超过 1300万张。这张专辑的特色,是由不断出现的"水"的意象,隐约传达对生命无言的伤感和对童年时光的眷恋。由同名单曲引出专辑主题,在宁静有致的弦声中,人声袭来,仿佛平静的水面,泛起涟漪,微风拂过一望无际的水面。这是生命的起源,思念的所在,也是一切忧伤的洗涤处。

恩雅"非常非常情绪化",是个很容易感到沮丧、爱哭、极敏感的人。在

她年少时,爱尔兰西北部多情的群山、善感的流水给了她细腻温柔的感触,这种触动一直延续着,不仅影响着她的生活,更体现在她的音乐上。

在她的音乐中,我们可以找寻到内心最真实的渴望,她用音乐告诉我们其实每个人的一生都是一条长长的旅程,每个人都会在某一站提前告别,死亡并不是一种结束,它也是下一站的开始,哀痛并不是面对死亡的唯一表情。恩雅也告诉我们,每个人的生命中总是会有阴雨连绵时,但还是可以期望明天,期望雨过天晴后,重新获取力量。

恩雅用她的音乐为我们给出了为何而生的答案,为我们的心灵打开了一扇通往纯净世界的窗。聆听恩雅的音乐,你的心会随着这绝美而又圣洁音乐进入一个神妙的世界。在恩雅的音乐世界里,你能感受到时间像河流一样静静流逝,当夜幕降临时,皎洁明月将天空渲染成洗练般的铅白;在恩雅的音乐世界里,无论在哪儿,记忆就像淡淡的水印,去留无痕,回忆不会变得铁石般沉重,不会压倒脆弱的神经,让人难以安眠;在恩雅的音乐世界里,恩雅就像一朵幽兰,悠然开放在天空的云朵中,她的歌声在耳畔响起,躁动的心便会安定下来,时而怡然蔓延,时而纯朴原始,洋溢着凯尔特音乐的特色,在强烈的和声笼罩下,呈现女性歌手作品中罕见的惊人气势。

"恩雅"这一名字,来自古代凯尔特的同名女神 Enya。她的歌,不仅仅是在旋律上的独具深意,实际上它也是叶芝和乔伊斯在诗歌和小说上成功经验的音乐翻版。那一款如诗歌荡气回肠的回环往复,如意识流徜徉于精神异度空间的洒脱,让恩雅的音乐从来不会丧失新意,因为它有着源源不断的活水源泉,因为它依托着人类最初的困惑和最后的皈依。

作为新世纪音乐的代表人物之一,恩雅的声音纯美安静,为我们洗涤尘世的浮躁。你可以随她的歌声,神游于广袤深洋,崇山峻岭,阔邃林间,万里苍穹,只有配得上"天籁"称誉的声音,才能如此勾起你飞翔的意愿。是的,就是恩雅,洁白无瑕的至性至灵,吞吐成字字句句天使气息般的绝美声音,也只有恩雅的声音,才能让心底的湛蓝澄清的镜湖荡漾起无限涟漪。

逐梦箴言

你，在变幻莫测的世界和既有传统中凄苦摸索，直到被岁月打磨得千疮百孔仍未成为独树一帜的那一个。不是现实怠慢了雄心万丈痴心不改的追梦人，而是你始终没有直奔独特的生命体验，没有抓住流变中不变的精魂。这精魂，是植根于民族传统的普世超越，是忠实于自我完善的不屈心灵，是跨界于异度空间的音乐穿越。

知识链接

新世纪音乐

新世纪音乐，或译作新纪元音乐的。是一种在上个世纪70 年代后期出现的一种音乐形式，原本的用途在于帮助冥思及作心灵的洁净，但后期约创作者不少已不再抱有这种出发点。有一种说法，由于其丰富多彩、富于变换，不同于以前任何一种音乐。它并非单指一个类别，而是一个范畴，一切不同以往，象征时代更替、诠释精神内涵的改良音乐都可归于此。

我的未来不是梦

● 智慧心语 ●

坚强的信心,能使平凡的人做出惊人的事业。

——马尔顿

对一个人来说,所期望的不是别的,而仅仅是他能全力以赴和献身于一种美好事业。

——爱因斯坦

我们的生命,像世界的协奏曲,由相异的因素组成------由各种各样的声调组成,美妙的和刺耳的,尖锐的和平展的,活泼的和庄严的。

——蒙田

没有比人生更难的艺术了,其他的艺术、学问到处都有教师。

——辛尼加

第五章

那就是我

迈克尔·杰克逊

◦ 导读 ◦

　　西方现代哲学思想的奠基人笛卡儿有句名言"我思故我在"，其含义不是由于我思考，所以我存在。而是通过思考而意识到了（我的）存在，由"思"而知"在"。由于"思"，人类脱离于动物而上升为人；由于"思"，个人超越于大众而上升为文化符号。我可以不思而活，而思的哲学每时每刻都在自觉不自觉中左右着你我。

■ 走自己的路

　　现今已经 80 岁的李光羲,时常坐在书房里静静回味着自己的来时路。虽然坎坷崎岖,但每一步坚实的脚印背后都写着他不向命运低头的倔强,这似乎已经成为了他所向披靡的法宝。

　　中国著名作家冰心女士曾经这样评价李光羲,走自己的路,唱自己的歌。精辟至极。短短十个字就充分涵盖了李光羲从艺多年的不同寻常。

　　出生在天津一个普通家庭的李光羲,虽然家里没有一个人喜欢和接触音乐,可他不知怎么就与音乐结下了不解之缘。第一次李光羲在破旧不堪的老式录音机里,听到西洋乐曲的时候,突然觉得浑身起劲,热血沸腾。他被那些流畅激昂的音符深深打动着。

　　自此以后,无论严寒酷暑,幼小的李光羲都给自己留了一个功课,每天听一阵子他所喜爱的西洋音乐。尽管陈旧的录音机,时常不听话地发出一些噪音,可一点都不影响李光羲的如醉如痴。他觉得这是对心灵最好的洗礼,所以李光羲总是把难得的和小朋友玩耍的时间,用来欣赏音乐。

　　家人并不能理解李光羲的陶醉,可他们喜欢看见李光羲专注认真的样子。他们希望李光羲可以这样一直在音乐的海洋里永远快乐下去。

　　可是美好的愿望,总是那样遥不可及。在李光羲十几岁的时候,家中突然出现一次变故,父亲撒手人寰了。家里的顶梁柱去世,那就意味着生活的重担要扛在李光羲的肩膀上。作为男子汉,承担起责任,是自己义不容辞的选择,于是年轻的李光羲走进了父亲的单位,从此开始了养家糊口

的生活。

在那段日子里,李光羲的心情总是很沉重,但他始终没有放弃对音乐道路的追求。当时,一个普通的工人,在别人看来,是与音乐毫无关联的。可李光羲偏不信这个邪,也不顾身边人的不解和劝告,他就是要和音乐搭上边,于是他把自己所有的业余时间都用来一门心思地琢磨音乐。

起初,李光羲还是一如既往地欣赏音乐,遨游在音乐的世界里独自取乐。后来他渐渐地开始自学唱歌,用长时间积累的音乐知识和对音乐的领悟力作为原动力,一点一点跟着感觉去歌唱,并开始利用业余时间到天津各个地方去演出。

那几年里,李光羲几乎走遍了天津市大街小巷的剧场,他的歌声也伴随着足迹,到处飘扬。当时天津各个剧场的工作人员,都知道这地方有个业余歌手叫李光羲。

凭借着多年演出的舞台经验和孜孜不倦的学习精神,李光羲逐渐让剧场工作人员们对自己从熟悉到认可。他终于在剧场扎了根,有了自己的舞台。背负着工人身份的李光羲,能够在自身的努力下,踏出这一大步,他自己也觉得欣喜。然而他并不知道,更大的惊喜还在后面。周恩来总理亲自指示演出的大型歌剧《茶花女》,给李光羲带来了一个男主角的演唱机会,而且他通过这次机会一举成名。

大家在《茶花女》这部歌剧里认识了李光羲,被他淳厚迷人的歌声倾倒,可大家却并不了解,这个脱颖而出的李光羲,竟然没有受到过家庭音乐的熏陶和专业学府的训练。在那个人才辈出的年代里,这成为了一种让人难以置信的传奇。

可李光羲凭借着自己的努力,就是造就了这样的传奇。他知道自己脚下的路在哪儿,知道路伸向何方,并且知道如何通过自己的坚持不懈抵达到心之向往的目的地。

李光羲走到了中国最顶尖歌唱家的行列里,可他却一点都没有懈怠。他仍旧在不断地学习,学习各种曲风的唱法,学习英文,学习各种新鲜事物。偶尔在高兴的时候,他还会为大家演唱一些时下风靡的流行歌曲,让年轻

人听后拍手叫好,同时也让他们自叹弗如。

　　李光羲就是这样热爱着生活和音乐,从不在意别人的眼光和评价,只是专心致志地走自己的路,唱自己的歌。

逐梦箴言

　　心有多大,舞台就有多大。从不因为身份、潮流和别人的眼光,停止自己追求音乐的步伐,或许正是他执着得如此纯粹和心无旁骛,才使得这个没有经过专业训练的歌手,在自学成才的路上走得这样洒脱和顺利。

知识链接

李光羲

　　李光羲,著名男高音歌唱家,国家一级演员,享有国务院颁发的"有突出贡献的优秀专家"称号。曾因主演第一部古典歌剧《茶花女》而成名。1964 年在《东方红》中演唱《松花江上》;多年来演出过深受欢迎的曲目百余首,如《太阳出来喜洋洋》《牧马之歌》《延安颂》《周总理,您在哪里》《祝酒歌》《何日再相会》《北京颂歌》以及歌剧咏叹调、外国民歌及艺术歌曲等。曾获文化部演出评比一等奖。1989 年获"首届金唱片奖"、"建国四十年优秀歌曲首唱奖"、"改革十年优秀演唱奖" 等。

我的未来不是梦

■ 德音雅乐　传播大爱

　　"你从她的脸上看得见一片温暖的海洋，你从她的目光找得到一个梦想的天堂……"人们最早认识哈辉是听她演绎的这首《回族姑娘》。这位地道的回族姑娘通过自己的表演向全国观众展示了自己本民族的精神风貌。她也凭借着这首歌曲获得 2005 年度中央人民广播电台《中国民歌榜》第一届"听众最喜爱的歌手"奖。这之后，我们在舞台上几乎看不到她的身影，这位美丽聪颖的回族姑娘淡出了观众的视野。

　　2010 年 8 月 7 日，当哈辉身着一袭典雅古朴的服饰优雅地从孔庙走出，她和她的团队为世人呈现了一道中国新雅乐的盛宴。悠扬雅致的乐曲，婉转柔美的天籁般歌声似从远古飘来，令人心境怡然，灵魂飞升。这是在孔庙举行的首届"北京国子监孔庙国学文化节"的开幕式，也是哈辉世界巡回演唱会的启动仪式。沉寂了四年，哈辉呕心沥血，潜心研究推广新雅乐，她的音乐让国人痴迷，令世界瞩目。

　　是什么力量促使这个看似柔弱的女子有这么大的勇气舍弃民歌而改去研究全新的领域？要知道，她从当兵开始唱民歌至今已 13 年，且成绩斐然。但哈辉从来就不是满足于现状的人，她觉得应该不断超越自我找到一条更适合自己的艺术道路，个性、具有文化含量，还要有持久的生命力。有一天，喜欢读书的哈辉在书店无意间看到一本书——《礼乐人生成就你的君子风范》，作者是清华大学的礼学专家彭林教授。哈辉立刻被书中的内容深深吸引，当她读完这本书只觉心中豁然开朗。这本书通过梳理中华礼

乐文明的发展过程，介绍了中华礼乐文明的核心内容。哈辉受到了启发："中华民族是礼仪之邦，礼是核心，而礼仪之邦是礼乐的相辅相成。作为一名歌唱演员，在文化崛起的新时代能否通过自己对音乐的悟性和理解将礼仪之邦的仁爱精神传递出来？"

哈辉不仅仅陷于冥想，她要立即行动，因为生命经不起太长的等待。她想方设法找到彭林教授，开始听他的课，向老师请教。与此同时，哈辉四处寻找与这种音乐相匹配的作曲家，他认准了两岸三地备受瞩目的钢琴家林海，并通过别的作曲家找到林海。于是，便有了 2009 年发行的那张破茧而出的新专辑《关雎》。专辑在香港隆重发行，"丝绸之路"唱片公司出品发行。收录了她遴选的《诗经》、唐诗、宋词等当中的精品诗词：《相思》《游子吟》《长相知》等。后来，国礼版《关雎》送给一些外国元首和嘉宾珍藏。

从民歌到"跨界古典"的转型，哈辉选择了一条艰辛之路，其间的甘苦也只有她自知。大量阅读国学著作是对礼乐认识的深化和解读，演唱技巧的改变和探索则是更大的挑战。她独特的"吟弦腔"得到了美国格莱美奖古典音乐资深评委 Joshua Cheek 的高度评价，称她是"天使般的吟唱"。

哈辉不再沉寂，人们总能看见她的身影出现在中央民族大学、清华大学的公益讲堂，出现在高端文人雅集的会面中，与方文山、于丹、叶锦添在几朝会所畅谈"现代语境下的古典情怀和生活方式"；出现在以色列有 3000 年历史的罗马遗址，出现在美国的时代广场，她以"诗、礼、乐、舞"向全世界展示"礼仪之邦"的大国风范。

2010 年中国与以色列建交 18 周年，哈辉应以色列外交部的邀请，出任"中以文化大使"。以色列总统西蒙·佩雷斯在看完哈辉的演出后，友好热情地接见了她，两个人就"和平、友谊、艺术"进行了畅谈。哈辉说："我知道13 在以色列代表生命。生命就是希望、分享、和谐。"总统认为新雅乐起到了更深了解中国文化与传递中华文明的作用，他意犹未尽，还即兴作了一首诗——《远古的福音》。

哈辉认为："音乐对一个国家的兴衰是非常重要的，乐是通心的，而礼是通精神的。"她把"以乐载礼，以乐载道"作为艺术创作的精神，使欣赏者

百灵鸟在蓝天飞翔

达到自己的内在修养与人格提升。也许在外人看来，哈辉独辟蹊径，曲高和寡，不一定有太多受众，但哈辉并不感到寂寞，她幸福地走在通往希望的音乐之路上。她觉得这个理想像一团火一样在她胸中燃烧，而且越燃越高。在探索的过程中她遇到了越来越多的知音和支持者。她的团队都是各领域拔尖人才，他们同心合力创建了"新雅乐"的审美体系。新雅乐确实带给这个浮躁的社会宁静祥和。很多人听了哈辉的音乐写下自己的感受："并非满头白发却是满腹经纶，并非名满天下却是天下难寻，并非唐宗宋祖却是学贯中西。从不将传承挂在嘴上，却跨出了坚实的脚步；从不问结果，却将过程做得光彩照人。我感觉陷入这样一种韵味与意境——是高山流水与小桥流水，是千年一叹与余音千年；是世情的复古与提纯，是盛世返祖与现代演绎。"

这个从汉中走出来的女子带着她"以礼铸人，以乐邦国"的艺术使命，正沿着古代的"丝绸之路"从容自信地走着文化的"丝绸之路"……

逐梦箴言

不随波逐流，不为潮流所动，在纵横阡陌中找到属于自己的道路，坚定向前。用理想点燃希望之火，照亮自己，照亮他人，照亮世界。

知识链接

哈辉

哈辉，生于陕西汉中。中国跨界古典音乐演唱家，新雅乐创研者，中国国学推广大使。2000 年 7 月毕业于解放军艺术

学院,艺术硕士,中央民族大学副教授。早期作品以民歌为主,2008 年哈辉个人艺术演唱风格正式由"民歌"转型为"跨界古典"演唱风格。其唱腔醇厚质朴,跌宕有致,具有"圆、润、糯"三大特点。因此被美国格莱美奖古典评委 Josh 先生称为中国独特的——"吟弦腔",堪称一绝。演唱时按"字重腔轻,以情带声"的原则把字音吐清而别具风味,又善于运用气声、重音和音色、速度的变化表达人物惑情的起伏。

新雅乐

新雅乐非传统之古代宫廷的祭祀音乐和宫廷雅乐,而是创始人所追求的"静雅、古雅、典雅、清雅"之乐。它具有中国古典音乐的"幽远、空灵、静怡"之美。其内容纯正高雅;节奏中正平和;旋律磅礴柔美;寓意源于自然,合于中道,内涵深厚,深远怀古,神远韵长。是集"诗歌、音乐、舞蹈"为一体的"新乐"。

哈辉

■ 百变天后梅艳芳

2003年11月,百变的梅艳芳在香港红馆体育场点燃了现场歌迷的尖叫和呐喊,她身穿一件白色婚纱泪洒舞台,歌曲唱闭,她缓缓向台下观众鞠躬致谢。这是留在人们记忆中的梅艳芳最后的样子,她的芳华绝代就这样落幕于舞台之上。

梅艳芳的离去,带走了她年仅40岁的躯体,却留存给香港演艺界和无数歌迷一段恒久的纪念。他们会一直记得,梅艳芳是香港的女儿。

从初登舞台到曲终谢幕,梅艳芳二十几年的从艺生涯给香港演艺界不断树立新的标杆,她从不满足现状,总是力求创新,追求尽善尽美。

梅艳芳早期是独辟蹊径的先行者。当时的华语乐坛一直视甜美细腻的歌曲为主流。二十几岁登台的梅艳芳没有沿袭前辈们的传统,而是以百变的风格、浓妆艳抹的妆容和独特大胆的表演,给观众带来了一股潮流风。

梅艳芳的歌曲,也如她艳惊四座的装扮一样,总能给人带来清新脱俗的感觉。时而梅艳芳把自己打造成硬汉形象,配以粗犷低哑的歌唱曲风;时而梅艳芳又会把自己塑造成千娇百媚的可人儿,低声细语地将歌曲娓娓道来;时而梅艳芳还会前卫嬉皮地唱着叛逆的歌,加以坏女孩的形象……

梅艳芳中西结合的唱法,瞬息万变的造型,都无一例外给她贴上了标新立异的标签。在那个传统主流的时代,梅艳芳只管用心唱着歌,为歌琢磨着最适宜的形象,全方位让观众体验到音乐的魅力,其他的,她一概不关心。就是这样一个别出心裁的歌手,突破了传统的市场,在香港占据了一

席之地,进而不可替代。

用大红大紫来形容梅艳芳在80年代的音乐事业,刚刚算恰到好处。她推出个多个白金唱片,拿奖拿到手软,并在世界各地举行过多次巡回演唱会,把她开辟出的中国女性舞台形象推向世界。梅艳芳当时的成功,让无数明星艺人感到遥不可及,可即便是这样,梅艳芳依旧停不下创新的脚步,她的思想还在找寻着一次又一次突破自己的路径。

从90年代开始,她的领奖生涯开始戛然而止。理由很简单,梅艳芳想把机会留给更多需要支持和鼓励的艺人。1990年,梅艳芳公开宣布退出任何音乐奖项的竞夺。

自此以后,梅艳芳把自己的精力更多用于歌唱事业的沉淀和公益事业的发展。中间曾退出过歌坛三年的梅艳芳,复出以后更加注重自身修为的培养,气质也由当初放荡不羁开始逐渐回归到传统中来,但她的曲风和舞台形象却没有因此受到限制。梅艳芳对自己的要求越来越严格,她不断尝试着新曲风和造型的转变。

1994年,梅艳芳为自己量身定制的中性造型,在舞台上奠定了她"实力一姐"的地位;随后她在中国风歌曲《床前明月光》的演出中,让自己再次实力突围……

不断追求新领域新高度,又为自己迎来了一项她再也无法拒绝的奖项——香港乐坛最高荣誉"金针奖。"

这沉甸甸的奖项,是对梅艳芳二十几年倾情贡献乐坛的最好嘉奖。直至今日,梅艳芳依旧是音乐终身成就奖最年轻的获得者和纪录保持者。

香消玉殒近十载,百变天后永难忘。梅艳芳的卓越成绩连同她那张坚毅的面庞,都深刻刻画在人们的心底。人们不会忘记她身着婚纱手握话筒的悲情落幕,不会忘记她笑靥如花魅力四射的尝试和追逐……

我的未来不是梦

逐梦箴言

创新是一个民族进步的灵魂,对一个人又何尝不是? 终在传统主宰权威主宰的社会里杀出一条"血路",这是多么巨大的勇气与智慧,梅艳芳超越的是一个自我,启蒙的更是一个时代。

知识链接

梅艳芳

生于 1963 年,卒于 2003 年。是 20 世纪后半叶大中华地区歌坛和影坛巨星,香港演艺人协会的创办人之一及首位女会长。梅艳芳以醇厚低沉的嗓音和华丽多变的形象著称,曾引领粤港地区的时代潮流,是港乐最高荣誉"金针奖"和"中国金唱片奖艺术成就奖"的最年轻得主,至今保持着华语女歌手全球演唱会场次最高纪录。梅艳芳同样蜚声影坛,荣获过两岸三地的影后,入选"中国电影百年百位优秀演员"。她一生致力公益慈善,推进大中华演艺事业的交流合作,被誉为"香港的女儿"。

金针奖

金针奖是由香港电台举办的十大中文金曲所评选出来的乐坛最高荣誉大奖,以表扬个别从事音乐行业者在流行音乐领域的卓越成就和贡献。奖项于 1981 年第一次颁发,但没有固定每年颁奖,只待有足够资格获奖的歌手出现时才会在十大中文金曲颁奖典礼上颁发。金针奖被同业认同是香港地区音乐奖项的最高荣誉,权威性备受尊重。

■ 铿锵玫瑰

田震，一直以传统大气的中国女性形象，低调出现在媒体和舞台上。她叱咤中国流行乐坛二十几年，收敛的外在却包裹不住个性飞扬的内心。

沙哑而浑厚的嗓音一经亮相，田震这棵乐坛常青树的魅力便天马行空洋洋洒洒地流露出来。从崭露头角到辉煌二十载，看似大大咧咧的田震在追求音乐的道路上从不马虎。

田震"出道"以来，欧美、日韩、港台音乐不断席卷中国大陆，本土歌手也如雨后春笋般应运而生，但这些各领风骚几年的音乐，并没有让田震像一些流行音乐歌手一样，渐渐被时光埋没为昨日黄花。她依旧站在中国一线歌手的行列里，唱着自己的歌儿，继续苦心孤诣地历练着属于自己的风格。

从早期作品《野花》《干杯，朋友》，到近期的专辑，她除了采用多元素完美嫁接的形式来打造音乐以外，同时也赋予了作品更多的文化内涵和时代元素，两相结合，终使田震的歌曲经久不衰地传唱于世。

像《执着》《怕黑的女人》《风雨彩虹，铿锵玫瑰》等一些家喻户晓老少皆宜的歌曲，都是从一个坚韧洒脱的女性角度，来演绎着时代主张下女人独立自主的生活和向往。一字一句的表达、溶解和传递，都直抵人的心灵深处。这种情感的融会贯通，常常是歌手与受众最直接也是最久远的共鸣。

排除感情层面的细腻澎湃，田震醇厚流畅、拿捏到位、收放自如的歌唱，也是她更胜一筹的根本。田震唱民族、摇滚、拉丁等各个曲风的歌曲，也会

将这些风格完美混搭一气呵成地演绎出来。这种切碎、磨合再揉捏到一体的过程，很需要下一番苦功夫，才能达到天衣无缝的效果。尽管难度系数很高，可田震愿意尝试，并孤注一掷地要做到最好。

久经磨砺的田震，不再如早期出道那般，用简单的拿来主义，形象模仿来靠近音乐，而是要用自己的领悟和创作来融入音乐。终于，她用自己极高的音乐驾驭能力，将每一个音符都唱出了独属于她自己的味道。

相比于一些大牌歌手，田震无须过度依赖于某一位音乐制作人，为自己量身定做歌曲。相反，她常常还会发掘和提携到一些名不见经传的制作人。但凡一眼相中的歌曲，田震都会反复揣摩其精髓，然后通过自己的歌声透彻完整地表达。如《干杯，朋友》这样的歌曲，就是在田震的慧眼和二度创作中，一举成为了流行音乐的优秀作品。

在田震看来，歌手要用音乐说话，用音符的美妙传递美好的情感、坚定的信念，所以田震一直潜心致力于音乐的道路上。

绯闻漫天的演艺圈里，中国第一民谣女歌手田震几乎没有花边新闻和炒作噱头，她就是歌唱，而受众也就是喜欢她这样单纯投入的歌唱，心无旁骛的歌唱。

田震的作品并不多，但几乎每一首歌都成为了流行音乐的经典曲目。这是她没有随波逐流，敢于独树一帜的结果。无论她的歌曲是以冷艳、震撼、鼓舞，还是深邃的姿态出场，都会无一例外地受到大家的欢迎和喜爱。这是人们对田震精益求精打造音乐的褒奖，也是对中国流行乐坛树立凛然正气引领专注音乐的导航信号。

逐梦箴言

一个歌者都应该是一种符号,一种有别于他人的个性化的不可替代的艺术符号。这需要坚守如一,需要不为所动,正是这种凤凰涅槃般的执着,成就了一个外形并不美丽却独领风骚的田震。

知识链接

田震

中国著名女歌手,其音乐风格以"软摇滚风格"为主。近年来演唱了很多脍炙人口的歌曲,如《水姻缘》《好大一棵树》等。田震是"中国原创音乐全国至尊荣誉歌手"和"全国话语榜中榜非凡乐坛成就大奖"的奖项获得者。

民谣

民间流行的、富于民族色彩的歌曲,称为民谣或民歌。民谣的历史悠远,故其作者多不知名。民谣的内容丰富,有宗教的、爱情的、战争的、工作的,也有饮酒、舞蹈作乐、祭典等等。民谣表现一个民族的感情与习尚,因此各有其独特的音阶与情调风格。

我的未来不是梦

■ 无与伦比

其貌不扬的周杰伦,是中国流行音乐的一朵奇葩。

周杰伦不是中国好声音,但他却成为中国最具实力的流行音乐歌手,上至五六十岁的老人,下到十岁八岁的孩子,每个人都能第一时间辨认出他的声音。在中国大地上,几乎没有人不晓得周杰伦。

周杰伦无可复制的成功,幸亏了吴宗宪的一双慧眼。可仅仅看到周杰伦作曲才华的吴宗宪,无论如何也没想到,当初他看中的这个年轻人,日后竟然影响了中国的流行乐坛,成功开辟了 R&B 和 RAP 的中国主流市场,并开创出现代流行音乐的中国风,为中国民族文化的传播做出了杰出的贡献。

在周杰伦出道以前,很多先锋歌手都在尝试将西方流行因素贯通到自己的歌曲当中,突破和寻求一种质的改变。像李玟和庾澄庆等明星,都进行过此类尝试,虽然他们的歌当时也被歌迷所认可和喜爱,但都没有掀起人们对整个 R&B 音乐的重视和狂热。

西方街头那种欢快嘻哈的曲风,成为了国外少年争相模仿和学习的主流音乐,可在中国,它却仅仅是一种偶尔调剂口味的小菜。很多人认为,这是中西方文化差异的突出体现,不足为奇。可周杰伦却打破了这种说法。

周杰伦初出道的第一张专辑,即活跃在R&B方面,跳出了亚洲歌曲惯有的歌唱主题和表现形式,让困惑于传统的一代青年,找到了结合新时代元素的新鲜口味。尽管周杰伦的歌口齿有些不清,与传统的字正腔圆相比,

唱功稍逊色一些,但他出众的音乐制作才华和大胆挑战主流的风格,还是赢得了年轻人的一片叫好声。

一发不可收,周杰伦在随后的中国音乐市场,逐渐成为了首屈一指的人物。他所创造出的商业价值和影响力,当时成为一种不败神话。

吸纳西方的流行音乐元素,把它们作为中国流行音乐的一个部分,周杰伦在这方面取得了毋庸置疑的成功。但在周杰伦看来,他创作和演唱的音乐,还远远没有完成其使命。

周杰伦在功成名就的初期,每次接受媒体专访,都会自然而然地说到下一步规划的问题,这是他最振奋自己的想法。"我们老祖先的东西不能白费,我们要因为自己是中国人而骄傲……"

怎么让世界更多看到中国的流行音乐,看到中国的文化传承?周杰伦不仅言于表,而且利于行。他将中国最文化历史厚重的青瓷器、医术、武术等内容作为了创作主题,搭配着传统中国的曲风,唱出了令中国人引以为傲的文化内涵。

周杰伦的这些中国风歌曲,不仅风靡祖国大江南北、两岸三地,同时在世界流行乐坛上也引起了不小的关注,很多外国歌手纷纷翻唱他的中国风歌曲。那些富含民族文化精髓的歌就这样在世界范围内被广泛地传播开来。

国外的驻华领事馆官员,在一次公开活动中,为表示对中国的友好之情,竟然开口唱出了周杰伦的《东风破》,可见他的文化传播力量和成果多么丰厚。

周杰伦为此曾登上美国《时代》周刊亚洲版的封面人物,成为了名副其实的"亚洲流行音乐天王"。周杰伦面对着来自社会和歌迷给予的荣誉和期待,越来越忙,涉足的行业也越来越多,他想把自己的思想、精神和执行力撒播到更多的领域,让中国风再次在他的影响之下发扬壮大。

　　不断给中国流行音乐注入新鲜的血液，让其更加海纳百川。周杰伦在实现自我突破和传统突破的同时，也在为年轻一代歌手趟出了一条个性之路。

知识链接

R&B

　　全名是 Rhythm & Blues，一般译作"节奏怨曲"。广义上，R&B 可视为"黑人的流行音乐"，它源于黑人的 Blues 音乐，是现今西方流行乐和摇滚乐的基础。

RAP

　　RAP 是说唱，指曲艺表演，RAP 即为说唱乐。说唱乐在世界各地广泛传播。

世界风靡杰克逊

他的歌声时而空灵梦幻,时而激越飞扬;他一生饱受种族、皮肤等问题的非议,却始终坚持用歌声净化美好心灵;他与猫王、披头士两组歌手并列成为世界流行乐史上不朽的神话;他在世界范围内拥有数以亿计的歌迷,歌迷身份从王公贵族到平民百姓;也打破七项世界吉尼斯纪录,被历史永远纪录在册;他的离去曾让世界歌坛唏嘘惋惜。他是美国著名黑人歌手迈克尔·杰克逊。

似乎再多的头衔,都无法准确定位杰克逊在世界流行音乐史上的成就和贡献;似乎再多的赞美,都无法准确形容杰克逊歌声的传神动听;似乎再多的辞藻,都无法准确描绘出杰克逊坎坷传奇的人生故事。

杰克逊是一名天才型的歌手,5岁便登上舞台开始了歌唱生涯,8岁就尝到了小有名气的滋味,10岁竟然破天荒地出了第一张唱片。很多人当时以为这个黑人男孩或许只能昙花一现,他将自己所有的传奇都写在了童年的履历里,可事实并非如此。

杰克逊的第一个音乐波峰出现在25岁那一年,他几乎打破了世界乐坛上所有唱片销售的纪录和歌手获奖频次等级的纪录。曾有媒体人这样形容杰克逊:"他挑动手指,可以疯狂一个人群;他一转身,可以疯狂一座城市。"

他就是有那样的魅力。杰克逊作为一名创作型歌手,集合了当下所有流行歌曲的元素,并将它们有机融合在一起,形成自己独有的艺术风格。在

杰克逊的音乐世界里,各种流行因素更像色彩纷呈小泥人,这个天才泥塑家,把 WAP、R&B 捏在一起组成了一个漂亮女孩的头发,把摇滚和流行塑造成了白皙的面孔,把民谣和舞曲融合成为了一个苗条的身体,把古典音乐和歌剧又调和成了姑娘的小脚丫。就这样,他的魔幻使一个恒久于世的完美女孩亭亭玉立于此。

在杰克逊的创作和演唱中,每一次变换女孩的色彩都是一种新鲜的尝试,每一次尝试,这个女孩都会更加的艳丽多姿。杰克逊的这种不断更新组合,不仅让他的艺术成就逐渐上升,同时也提升了黑人在世界人眼中的地位,越来越多的人开始了解黑人音乐的魅力所在。

杰克逊是黑人的骄傲,他不仅用自己的歌声打破了种族的隔阂,也点燃了无数年轻黑人的梦想。他的音乐,他的人道主义,他的特立独行都深深影响了黑人种族的心灵。无数心怀梦想才华横溢的黑人,就是在杰克逊的成功激励下,跃跃欲试继而脱颖而出。

艺术成就的背后也曾引发过一些负面的报道,但桀骜不驯的杰克逊依然自我约束不受外力侵扰地生活。无论怎样饱受非议,他的音乐追求一刻都不曾止步,他的公益事业一天都不曾中断。他用自己毕生的革新和人道,完成了世界赋予一个歌者的责任和重托。

在这颗曾创下 1.6 亿唱片销量的世界巨星悄然陨落的时候,全球 30 亿歌迷伴随他走完人生最后一程。杰克逊的追悼会播出,收视率创下了世界吉尼斯的纪录,最后一次谱写出他人生传奇的经历。

逐梦箴言

一个公众人物能够散发的能量取决于他的分量,杰克逊用自己一生的传奇故事,为黑人种族带来了希望,为世界了解黑人种族带来了窗口。他的伟大和不朽不仅在于唱片销量和获奖纪录,更在于他敢于冲破种族歧视成就一代神话。

知识链接

迈克尔·杰克逊

迈克尔·杰克逊,全名迈克尔·约瑟夫·杰克逊,简称MJ。是一名在世界各地及具影响力的歌手、作曲家、作词家、舞蹈家、演员、导演、唱片制作人、慈善家、时尚引领者,被誉为"流行音乐之王",他魔幻般的舞步更是被无数明星效仿。由于患有白癜风皮肤病导致皮肤变白。美国当地时间 2009 年 6 月 25 日,其私人医生康拉德·莫里违规注射镇静剂过量导致杰克逊突然逝世,终年 50 岁。迈克尔·杰克逊在演艺方面的傲人成绩和公益贡献双双载入吉尼斯大全。杰克逊慈善捐款 3 亿美元,支持 39 个慈善救助基金。

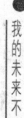

我的未来不是梦

◦ 智慧心语 ◦

无论何时,只要可能,你都应该"模仿"你自己,成为你自己。

——莫尔兹

- -

每个人都有他的隐藏的精华,和任何别人的精华不同,它使人具有自己的气味。

——罗曼·罗兰

- -

一棵树上很难找到两片叶子形状完全一样,一千个人之中也很难找到两个人在思想情感上完全协调。

——歌德

- -

不要无事讨烦恼,不作无谓的希求,不作无端的伤感,而是要奋勉自强,保持自己的个性。

——德莱塞

- -

一个人的房子,一个人的家具,一个人的衣服,他所读的书,他所交的朋友——这一切都是他自身的表现。

——亨利·詹姆斯

- -

第六章

一支难忘的歌

刘欢

◦导读◦

　　文无第一,武无第二。竞争激烈的歌唱界亦如是。因为首听一首歌儿,我们由此存贮了一个历历在目的过往年代;因为首唱一首歌儿,我们进而兼容了一位魂牵梦绕的歌唱家。一曲成名,是时势造英雄,也是英雄逢时代。集天下之大成网罗原人原曲原唱,更成就了央视一个历久弥新的经典创意——《同一首歌》。

千年的铁树开了花

　　吉林省宾馆位于长春市中心的人民广场，包淑芳每次从这里经过，心里总会涌起一阵暖意。四十年前，她就是在这里首次登台，演唱了她的成名曲《千年的铁树开了花》。此后的几十年里，每次上台她必唱这首歌。《千年的铁树开了花》和包淑芳一起，深深地印在了观众的心中。

　　1971 年让包淑芳终生难忘。西哈努克亲王来吉林省访问，当时还是学生的包淑芳幸运地被选为独唱演员为外国首脑演唱这首歌曲，这是她第一次正式登台，而且还是如此重量级的演出。

　　当时正是样板戏流行时期，音乐园地百花凋零。著名作曲家尚德义先生大胆借鉴国外花腔创作技法，并巧妙结合我国民族民间音乐素材，创作出具有中国风味的花腔歌曲《千年的铁树开了花》。由于尚德义的夫人元柏萱教授是包淑芳的声乐老师，所以"近水楼台先得月"，尚德义一写出新作品就让包淑芳试唱，无形中给了包淑芳带来很多锻炼的机会。

　　这首歌的感情起伏比较大，而且蕴含深刻的思想和高难度的技巧，演唱起来很难把握，但包淑芳不负众望，她用甜美高亢的嗓音，细腻到位的处理将聋哑孩子激越、欢快的心绪和复杂的戏剧性情感表现得淋漓尽致。演出大获成功，这首歌曲也给当时的乐坛吹来一股清新的风，成为花腔艺术歌曲的典范，这一切给年轻的包淑芳带来了莫大的鞭策和鼓励。这位蒙古族"小荷"，开始在吉林的舞台上露出了她的"尖尖角"。

　　功夫不负有心人。经过三载寒窗苦练，包淑芳终于脱颖而出。1973 年

我的未来不是梦

她以总分第一名的优异成绩毕业,分配到吉林省歌舞团任独唱演员。专业的舞台给了她更广阔的发展空间,她像一只快乐的不知疲倦的小鸟纵情歌唱。1979 年,"哈尔滨之夏"音乐会吸引了来自全国音乐界的知名艺术家,包淑芳作为吉林省民族乐团的特邀歌手担任独唱演员。上世纪 70 年代末,能够演唱和熟练驾驭花腔歌曲的演员在全国也是凤毛麟角,包淑芳是此次音乐会上唯一唱花腔的演员。她演唱了两首尚德义教授的花腔作品:《千年的铁树开了花》和《科学的春天来到了》。演出引起巨大轰动,也给她的艺术生命带来了新的春天。

在流行歌曲大量涌入之前,包淑芳每年都有百余场演出,几乎场场演唱《千年的铁树开了花》。当包淑芳用美妙的歌喉模仿乐器的欢鸣、鸟儿的啁啾,台下就会响起如潮的掌声。一些单位邀请乐团去演出,点名让包淑芳出场,如果她不去,演出就取消,而且节目单上一定要有这首保留曲目。

熟悉舞台艺术的人都知道,整场演出中,演员的排序特有讲究。通常意义上,头三个节目基本是垫场和白扔,因为这时观众入场还没完全结束,有的找座位,有的窃窃私语,情绪尚未安定,不容易引起轰动,所以一般情况下,有名气、有实力的歌唱家都排在后面用来压轴。正因如此,演员们对此极为敏感,经常因为排序闹得不亦乐乎,令舞台监督极为头疼。只要包淑芳在,一切矛盾都迎刃而解。自从到了歌舞团,她一直被安排第二个上场,乐队之后她便登台。渐渐地,她竟习惯了这个位置,一唱就是三十几年,直到退休前仍然保持着这一传统。那个年代人们还没有明星的概念,包淑芳也从不以"腕儿"自居,她觉得能为人民歌唱是最幸福的。而在老百姓心中,她早已是名副其实的明星,是德艺双馨的艺术家。即便第二个出场,她也是最受欢迎的,遇到感冒发烧、嗓子发炎,本不想唱花腔这种高难度的歌,观众就一次次要求她返场,直到"铁树开了花",她的演出才告结束。

由于演出场次多、任务重,包淑芳过于劳累,导致身体极为虚弱。退休后,她不再登台,一边调理身体,一边培养年轻演员。她希望自己的学生接班,继续演绎这首经典老歌。2011 年 10 月,青年花腔女高音歌手松梅在包老师的悉心指导下举办了个人独唱音乐会。演出那天,包淑芳坐在观众席

中为学生坐镇和鼓劲儿。当松梅在台上自信地演唱老师一生钟爱的歌儿，包老师的脸上露出欣慰的笑容。穿越岁月的云烟，恍惚间她仿佛看到年轻时的自己身着一袭长裙，款款地走上舞台，再一次深情地唱起《千年的铁树开了花》……

逐梦箴言

成功的路是没有捷径可走的，其艰辛的求索过程就像铁树开花。而若想让艺术之花常开不败，还要有一颗包容的心。正所谓"心有多大，舞台就有多大"。

知识链接

包淑芳

包淑芳，蒙古族。吉林省民族乐团花腔女高音歌唱家，吉林省民族乐团声乐指导，国家一级演员，吉林省音乐家协会理事。代表作《千年铁树开了花》、电视剧《响铃公主》主题歌《蓝天上有一朵白云》《油田的早晨》《春光圆舞曲》等。

花腔女高音

花腔是一种西洋发声法，以声调多转折、拖腔格外长为特点。花腔女高音指美声唱法中具有花腔技巧的女高音，其音域比一般女高音还要高，声音轻巧灵活、色彩丰富，性质与长笛相似，擅于演唱快速的音阶、顿音和装饰性的华丽曲调，用以表现欢乐的、热烈的情绪或抒发胸中的理想。

我的未来不是梦

■ 太阳最红，毛主席最亲

一首歌带着岁月的印记唱过了三十余载春秋，一首歌饱含浓浓的深情记录了一代人的心路历程。每每谈及歌曲《太阳最红，毛主席最亲》，卞小贞总是感慨不已，她的眼前就会浮现出那一幕幕激动人心的画面，她的记忆情不自禁地回到难忘的 1976 年。

9 月 9 日，中国人民的伟大领袖、一代伟人毛泽东主席与世长辞。一时间，山川垂泪，江河呜咽，举国上下沉浸在巨大的悲痛之中。那一代人对毛主席有着特殊的情感，卞小贞也不例外。她会说的第一句话是"毛主席万岁"，会唱的第一首歌是《东方红》，对她来说毛主席的逝世好比孩子失去了父母。当时，中央人民广播电台向全国文艺团体征集缅怀毛主席的歌曲。作曲家王锡仁连夜为付林的歌词谱曲，他采用民间音乐素材，创作了这首抒情歌曲——《太阳最红，毛主席最亲》。他找到卞小贞说："卞小贞，我相中你了，由你来演唱这首歌曲吧。"卞小贞感到万分激动和荣幸。30 岁的她已经具有丰富的演出经验，乐感和状态都非常好，接到录音的任务，她更要全力以赴对待。

由于当年的录音设备很简陋，不能剪辑，不能接头，乐队和人声同步进行，稍有失误就要重来，所以，演唱者必须集中精力，一气呵成。卞小贞只录了两遍就顺利完成，在中央人民广播电台播放后，她的歌声一夜之间飞进千家万户。刚开始人们并不知晓这位演唱者的名字，因为"文革"时期只讲奉献，不突出个人功绩。随着歌曲点播率的提升，询问演唱者的信件像

纸片一样大量飞向海政歌舞团,人们终于在电波里听到卞小贞的名字。

说起这首歌成功的原因,卞小贞说:"首先是歌曲采用领唱、合唱的形式新颖,这在当时并不多见。而且征集的歌曲大都充满悲情、曲调沉重,突然有一首朴实亲切、朗朗上口的歌曲立刻便脱颖而出。加上人们对毛主席的忠诚爱戴之情,造就了这首经典歌曲。"卞小贞相信老话说的"三十而立",因为一首歌一举成名的确是"无心插柳柳成荫"。出名以后她每天能收到上百封来信,其间不乏赞美和鼓励,她并未因此沾沾自喜,反而时刻告诫自己:千万不能张扬,要老老实实做人 一心一意为人民服务。每年二百多场的演出经常嗓子都唱哑了,但只要广大观众、部队官兵喜欢她就义无反顾地唱。

上世纪 80 年代中期,港台歌曲流入内地,红歌受到强烈冲击,销声匿迹。直到 90 年代掀起"红太阳"热,经典老歌重新受到追捧,卞小贞再度登台。1991 年,她们到河北为石油工人演出,乐队、合唱队、指挥……当年录制《太阳最红,毛主席最亲》的情境再现,观众沸腾了,卞小贞与演员们含泪演唱,她从心底发出惊叹:这首歌的生命力太强了!

退休后的卞小贞依然活跃在舞台上,每年的演出不下百场,但每次演唱《太阳最红,毛主席最亲》都像第一次那样认真和兴奋。时过境迁,歌唱家的心境也和三十年前大不相同。从单纯的对毛主席的怀念到对一代领袖的歌颂及对所有先辈的缅怀,她的歌声更加深沉、醇美,她的胸怀和眼界更加开阔,她把这首歌曲直唱到了人们的心坎里。

逐梦箴言

成功的因素有很多,客观条件成熟后,主要是自身的努力。不问收获,只问耕耘,当你不为名利诱惑,忠实于内心的情感,才能永远得到掌声和喝彩声。

我的未来不是梦

121

知识链接

卞小贞

卞小贞，1946 年生于安徽芜湖。海政歌舞团著名女高音歌唱家，国家一级演员。中国音乐家协会会员、中国世界语协会会员、国务院政府特殊津贴享受者。代表歌曲有：《太阳最红，毛主席最亲》《泉水丁冬响》《西沙，我可爱的家乡》《大雁情》等。

卞小贞

唱支山歌给党听

2008 年,应中央电视台之邀,已年过七旬的中国藏族女高音歌唱家才旦卓玛,出现在春节歌舞晚会的舞台上,与索朗旺姆共同演唱了《再唱山歌给党听》。

宝刀未老的才旦卓玛在这场演出里,获得了经久不息的掌声,她激动万分。在才旦卓玛看来,这份热烈不仅是献给自己歌声那么简单,更多的是表达了广大人民对党的一种致意。

这首熟悉的旋律,把才旦卓玛的记忆从 2008 年拉回到了久远的 50 年前。

那时,年少青涩的才旦卓玛在上海音乐学院进修,她像往常一样欢快地从食堂往宿舍走,突然校园广播里传来的一首歌曲让她瞬间热泪盈眶。

"唱支山歌给党听,我把党来比母亲。母亲只生了我的身,党的光辉照我心……"朴实无华的歌词,生动贴切地表达出了当时每一个人对祖国的满腔热忱,热血沸腾的才旦卓玛,更是透过这首词与曲,回想起了在党领导下自己生活的巨大变化。

当时这首《唱支山歌给党听》是由上海歌剧院的任桂英老师演唱的,才旦卓玛听后深深陶醉着,她想象着自己站在红旗下为祖国母亲唱出这首歌曲的激动心情。

随后,才旦卓玛便急匆匆地找到恩师王品素,倾诉着自己的想法。"这首歌就和我的心声一样。我一定要唱。"王品素看着眼前目光坚毅的才旦

卓玛，明白她的决心有多大。对于当时汉语水平不及普通汉族小孩的才旦卓玛来说，演唱这首歌不仅要突破她原有的风格，还要花费大把的时间突击汉语学习。

尽管眼前困难重重，可才旦卓玛一点没有退缩。她内心对这首歌曲的狂爱，支撑着她逐字逐句地攻破语言关，没日没夜地刻苦练习。终于，才旦卓玛内心的情感可以通过歌唱的力量，浑然天成地展露出来。她成功了。

才旦卓玛的歌声，打动了恩师王品素，打动了该歌的曲作者朱践耳，打动了所有不熟悉才旦卓玛的人们。一时间，才旦卓玛和这支朗朗上口的《唱支山歌给党听》响彻中国大地。

这首歌也自此和才旦卓玛结下了不解之缘，为历史打上了一个共同的烙印。曲作者朱践耳曾经说，这首歌很多人唱过，但才旦卓玛最具真情。

正是因为真情的充分流露，才旦卓玛的这首《唱支山歌给党听》才成为她的经典曲目，经久不衰，源远流长。

在 50 年后的春节歌舞晚会上，才旦卓玛高歌《再唱山歌给党听》，以圆润高亢的歌声，真情饱满的姿态，引领着一代人回望新中国成立后，人民日新月异的生活。

才旦卓玛站在舞台上微笑着，她内心感谢自己当初排除万难地选择了这首《唱支山歌给党听》。歌曲多美，曾经唱出了翻身农奴对党的深情厚意，如今又从歌曲升华到了一种时代符号，永远记录在了祖国的历史进程中。

逐梦箴言

没有人能够轻易获得成功的青睐。要坚定执着，不遗余力，艺术的火花才能更好地绽放，展现出专属你的美丽和持久。而才旦卓玛的真情就像高原一样广阔，一直在感动着天地，感动着你我。

知识链接

朱践耳

朱践耳(1922-)，著名作曲家。安徽泾县人。1922 年 10 月生于天津。在上海长大，中学时代曾自学钢琴、作曲。1945 年加入新四军苏中军区前线剧团。建国后在上海、北京等电影制片厂任作曲。1955 年赴苏联，师从莫斯科柴科夫斯基音乐学院巴拉萨年教授学作曲。1960 年学成归国，翌年起在上海实验歌剧院任专职作曲。此后数年，创作多为小型声乐体裁，其中，《接过雷锋的枪》《唱支山歌给党听》等，成为当时流传较广的歌曲。这位从 60 岁开始创作交响曲的作曲家，在短短 20 多年间雕琢出了 10 部属于中国人自己的交响乐作品，1991 年获得上海市文学艺术个人 "杰出贡献奖"，1990 年起被列入英国剑桥传记中心的《世界音乐名人录》，2001 年荣获首届中国音乐金钟奖 "终身荣誉勋章"。

我的未来不是梦

百灵鸟在蓝天飞翔

■ 海蓝色的记忆

提起歌唱家胡宝善,就必然要提到他创作并首唱的那首脍炙人口的军旅歌曲——《我爱这蓝色的海洋》。

每一首广为流传的经典老歌,都是伴随着一代人的温暖记忆和他们奔忙的脚步,穿梭在时光的河流中。《我爱这蓝色的海洋》更像是一幅风情画,不知道慰藉了多少被"样板戏"磨腻了的耳朵和心灵。这首歌是"文革"当中第一首用圆舞曲形式谱写的军歌,对词曲作者胡宝善而言,实在需要点与时代抗衡的冒险精神。到底是什么机缘,使得他写出这样一首与当时的文艺环境极不协调的圆舞曲? 当初在创作这首歌曲的时候,还有这样一段让人记忆颇为深刻的故事。

上世纪 70 年代,周恩来总理曾要求三军文艺战士在歌舞方面多下些功夫,争取创作出有新意的节目。1971 年,为准备迎接金日成首相和西哈努克亲王的到来正排演一台晚会。由于当时特殊的政治环境,所有的节目都是一个调子,充满了浓浓的火药味儿。周总理看完节目后语重心长地说:"同志们啊,大海也有平静的时候呀! 你们能不能唱点抒情的歌曲呢?"总理的话对胡宝善的启发非常大,他暗下决心要写出一首歌颂海军的歌曲。

不久,他们随海军战士到南海拉练,当时风浪很大,从南平到汕头,三天三夜,他们在狂风险浪中颠簸,到公海时大家都晕船,吐得厉害,开始是吐食物,后来就开始吐胆汁了。就在那种恶劣的环境下,海军战士们仍然坚持为文艺工作者服务,这让胡宝善深受感动。他望着茫茫大海,听着海

浪有节奏地拍打着军舰，"哗……哗……"欢快抒情的歌曲伴着海浪从他的心底流淌出来，"我爱这蓝色的海洋，祖国的海疆壮丽宽广……"，歌词一气呵成，取名为《我守卫在海防线上》。之后他的学生王川流加了一段歌词，并建议将歌名改为《我爱这蓝色的海洋》，其主题更为鲜明。为了达到抒情的效果，他采用了三拍子节奏。在那个特殊的年代，有些人受到"左"的思潮影响，对歌曲提出了疑议。但有一天凌晨，团里突然集合宣布对节目的审查结果。当胡宝善听到念自己的名字，心一下子紧张得揪起来，"创作好，演唱好，形象好！"这三个"好"字一出，顿使他如释重负。上岸后他把这首圆舞曲风格的歌曲唱给战士们听，受到了海军战士们的热烈欢迎并迅速传开。后来，很多年轻人就是受到这首歌的鼓舞和感召，义无反顾地当了海军。

这首歌一唱就是四十年。它成为很多指挥家、歌唱家青睐的曲目。几十年间，它更成为胡宝善的保留曲目，每次演出如果不唱此歌是下不了舞台的。

2011年，中国共产党迎来90华诞。作为有着55年党龄的老党员，胡宝善感到尤为幸福。他把凝聚毕生心血制作的新专辑《我爱这蓝色的海洋》作为献给党的90岁生日礼物。他在专辑中写道："这是我今生中第一张CD专辑，出专辑我是慎重的，同时我也是认真准备的，有时凌晨三四点钟就起来整理录音资料。因为我要把我最美好的声音和对作品完美的诠释展现给大家，我也要对得起广大听众朋友们的期待。"2011年7月9日，在北京王府井新华书店举行了"我爱这蓝色的海洋"中外歌曲专辑首发会暨签售式。久未露面的我国老一辈人民艺术家、胡宝善的众多挚友郭淑珍、胡松华、陶玉玲、刘秉义、姜嘉锵、于淑珍、杨洪基、耿莲凤、马子跃、韩芝萍、王静、张华敏等人都闻讯到场祝贺，共话情谊。儿子胡军是著名的影视演员，更是甘当"绿叶"，为父亲客串了一把现场主持。

在专辑中，除了收录胡宝善《我爱这蓝色的海洋》独唱版，还有他和儿子胡军的合唱版。胡老师说，胡军受他的影响，也是个不错的男中音。而父子俩合作更重要的意义就在于经典也需要传承和发扬，不仅现在的人要唱，将来子孙后代要继续唱。

我的未来不是梦

梦想一举成名天下知，却又常常循规蹈矩，瞻前顾后，结果不是错失良机就是一生碌碌无为，郁郁寡欢。胡宝善在那样的年代大胆创作，无意中又回归了艺术创新的自身规律，因而也得到了各"派"的共同肯定。由是观之，经典的产生，绝非简单的冒险。

知识链接

胡宝善

胡宝善，1935 年出生。海政歌舞团男中音歌唱家。北京市人，满族。中国音乐家协会会员。国家一级演员。1950 年参加部队文艺工作至今。自幼爱好舒伯特的歌曲，曾师从蔡静仪教授学习声乐，听过梅德维捷夫的课，1958 年去保加利亚随契尔金教授学习声乐，50 年代末赴保加利亚索菲亚音乐院攻读研究生，师从世界著名声乐教授布伦巴罗夫。1961 年以六分的优异成绩毕业(保加利亚是五分制)。他音质纯净润厚，吐字真切，音域宽广，具有艺术感染力。代表作《我爱这蓝色的海洋》《跟着共产党走向新辉煌》。

圆舞曲 (Waltz)

圆舞曲有时音译为"华尔兹"，是奥地利的一种民间舞曲。18 世纪后半叶用于社交舞会，19 世纪开始流行于西欧各国，它采用 3/4 拍，强调第一拍上的重音，旋律流畅，节奏明显，伴奏中每小节仅用一个和弦，由于舞蹈时需由两人成对旋转，因而被称为圆舞曲。

■ 美酒飘香歌声飞

　　有一首歌,李光羲已记不清唱了多少次,那些因胜利狂欢的情景,那些因喜悦举杯的时刻,曾经激情飞扬,曾经忘情沉醉,"舒心的酒啊浓又美,千杯万盏也不醉"。在祖国母亲 60 华诞这一天,80 高龄的歌唱家李光羲格外精神矍铄,意气风发,他在天安门广场的国庆联欢晚会上又一次唱响这首激荡人心的《祝酒歌》。

　　1980 年,中央人民广播电台和《歌曲》杂志举办的群众最喜爱的 15 首歌曲评选中,《祝酒歌》排在榜首,实至名归。然而,一首歌曲的流传不亚于明星的诞生,其间的波折与辛酸同样可圈可点。

　　其实,早在 1977 年,这首歌曲就已完成。当粉碎"四人帮"的消息传到天津歌舞剧院的时候,整个剧院沸腾了。人们敲锣打鼓上街庆贺,回来后,大家抑制不住狂喜的心情,举杯畅饮。词作家韩伟被这狂欢的场面所感染,一首诗从他的笔端流淌出来,之后,作曲家施光南将它赋予音乐的翅膀,一首凝重而不乏轻松,庄重而又充满抒情,激越而有亲和力的歌曲应运而生。起初,这是为女中音写的歌曲。一个偶然的机会,李光羲发现女中音歌唱家苏凤娟拿着一张歌篇正反反复复地琢磨,他好奇地借过来看个究竟。没想到无意中的一瞥竟改变了这首歌的命运。

　　李光羲将歌篇拿在手里,没等看完就兴奋地叫起来:"这歌太好了!"

　　女中音惊讶地望着他:"真有那么好吗?"

　　"真有这么好,你要不唱我就唱。"

　　凭借着丰富的生活阅历和对音乐的敏感,李光羲认定这是一首难得的好歌,他立刻写信给施光南,恳请他能按照男高音声部重新配器,由他演唱此歌。同时李光羲把对歌曲旋律的修改意见和施光南交流,特别是结尾部分"咱重摆美酒啊再相会"以情绪饱满的高音结束全曲才能将心中的豪情释放出来。

　　踌躇满志的李光羲一心想把歌曲推出去,可在审查节目时没有通过。

　　领导找到他说:"这首歌与现在的社会大环境不符,伟人离世不久,人们还没完全从悲伤中走出来,提倡喝酒的歌我们还是慎重对待为好。"

　　李光羲坚持自己的主见:"我们不能老是沉浸在悲痛之中,要化悲痛为力量,为胜利高歌,为时代而歌。"

　　机会终于来了。1978年,国家领导人在人民大会堂宴请外宾,邀请一些歌唱家助兴表演。李光羲觉得这种场合应演唱欢快热烈的歌曲,于是大胆采用《祝酒歌》,他对乐队的同志说:"今天就唱这首歌,你们为我伴奏,出了事我一个人负责。"

　　一曲终了,李光羲高亢激扬的歌声还在宴会厅久久回荡,而在场的所有人的情绪都被他的歌声点燃,激昂无比。实践是检验真理的唯一标准,而观众是最好的裁判。李光羲如释重负,感到从未有过的轻松和愉悦。这首歌曲终于有了出头之日。

　　这次演出之后,中央人民广播电台请李光羲录制了《祝酒歌》《周总理,你在哪里》等几首歌曲,但不知什么原因,除了《祝酒歌》,其他的歌曲都播放了,歌曲连同演唱者似乎还在接受着时间的考验。直到1979年春节前夕,中央电视台要筹备一台春节联欢晚会,才在众多歌曲中将其遴选出来。

　　当年简陋的舞台、灯光、化妆与今天相比都相形见绌,大家围坐在一起像开联欢会一样。但毕竟这是一个绝好的展示自己的机会,当李光羲在这个舞台上唱响时代最强音的时候,人们的追捧以排山倒海之势涌来,整个社会的风貌似乎随之焕然一新。

　　因这首歌带来的所有改变都充满着传奇色彩。有一天,李光羲走在大街上,一位四五十岁的中年妇女拦住他:

"你是李光羲？"

"是啊！"

"你是唱《祝酒歌》的！我跟你说，我们厂房里有上百台机床。突然有人说，外面高音喇叭放《祝酒歌》呢，我们所有人把机器全停了，到院里去听，听完再接着干。"她讲话的神情带着抑制不住的亢奋。

好运接踵而至，唱片社请李光羲录制唱片，5 天卖了 100 万张，唱片社社长感慨地说："李老师，真是破纪录啦！"还有一些真实的传闻，因为《祝酒歌》，很多城市的酒都销售一空，足见歌曲的影响力。1989 年，李光羲凭借《祝酒歌》荣获首届金唱片奖。

逐梦箴言

好事多磨。"天将降大任于是人也"，磨难总是如影随形。是放弃，还是勇往直前？李光羲给出了最有力的答案。跨越了层层阻隔，迎来的是更广阔的天地，是别样的人生风景。

知识链接

苏凤娟

苏凤娟是中央歌剧院的女中音歌唱家，国家一级演员。北京人，现居于上海。1955 年毕业于中央音乐学院声乐系，后任中央歌剧院演员、声乐教员。1955 年获第五届世界青年联欢节声乐比赛五等奖。曾主演歌剧《青年近卫军》《阿依古丽》。演唱的歌曲有《卡门》选曲、《黑孩子赛林娜》等。

我的未来不是梦

■ 深情依然　激情不减

　　边桂荣第一次到大庆时还不到 20 岁，1972 年，长春电影制片厂决定筹拍《创业》，她跟随长影乐团里的演员们到油田体验生活。天寒地冻，北风呼啸，北方的冬天永远考验着人们的体力和耐力。边桂荣冻得手脚都要僵住了，她不停地往手上哈着热气，一边使劲地搓手跺脚，眼泪都要冻出来了。然而，大庆人的热情很快将包裹她的寒气驱散。说是到基层体验生活，文艺工作者门还是受到了最高的礼遇。特别是石油工人们战天斗地的干劲和"一不怕苦，二不怕死"的精神令边桂荣热血沸腾。

　　她和工人们一样穿上了防寒的扎趄儿棉袄，戴上狗皮帽子，俨然是女子采油队中的一枝花，这种感觉既新鲜又自豪。她们还到铁人王进喜家中慰问学习，听工友们讲述他的先进事迹。闲暇时间她和那些满脸漆黑、从"干打垒"中爬出来的工人们攀谈，了解他们的生产生活，内心的情感。一个月的大庆之行，使边桂荣完全融入到石油工人火热的生活中，她怎么也没想到，第二年长影拍摄故事片《创业》时，由她担任主题歌的演唱。

　　第二年，影片拍摄接近尾声，开始对着画面录制主题歌《满怀深情望北京》。作曲家本来是想写成男女声领唱加合唱的形式，后来送去审查，还是决定用女声独唱。影片中，王进喜目光炯炯，充满深情地说："我们要翻山越岭去见毛主席！"之后便是激越高亢的歌声："晴天一顶星星亮，荒原一片篝火红。石油工人心向党，满怀深情望北京……"由于她在这首歌中的出色表现，唱出了工人阶级的大无畏精神，在片尾的演职员表中破天荒地

写上了演唱者的名字,过去只介绍指挥和词曲作者,这是中国电影里程碑式的标志,从此,歌唱演员的名字才为观众所熟知。

当歌曲《满怀深情望北京》连同电影《创业》轰动全国时,边桂荣的名字也深深印在人们心中。无论走到哪里,报幕员一说出"边桂荣"三个字,台下就响起欢呼声和雷鸣般的掌声。而只要登台,她不唱完这首保留歌曲观众永远不依不饶。当时能容纳一千多人的长影剧场每周都有义务演出,观众场场爆满,边桂荣火得"一塌糊涂"。她和这首歌已成为不可分割的统一体。

上世纪 80 年代末,民族歌曲受到冷遇,边桂荣及时调整自己的选择。她觉得不能一味地在原地踏步,应该去充充电。经过一段时间的突击学习,恶补文化课,她考进了沈阳音乐学院干部班带职学习。此时的边桂荣已是名人,班主任开板就向同学们介绍:"这位就是《创业》主题歌的演唱者!"大家送给她的是热情和崇拜的掌声。人生处处充满机缘,沈阳音乐学院的院长就是《满怀深情望北京》的曲作者——作曲家秦咏诚。报到后边桂荣特地拜访老院长,秦院长欣慰地说:"小边啊,你没有因为出名而满足现状,能继续深造是好事,我支持你。我还记得当年你唱《满怀深情望北京》时声音颤颤巍巍的,努力学习吧,将来会有更大的发展。"

边桂荣谨记院长的教诲,在专业院校系统地学了四年专业课,1992 年毕业后回到了长影乐团。当她在汇报晚会上再次演出成名曲时,领导同事们都夸她进步飞快。风水轮流转,听腻了流行歌曲的观众又怀念起老歌,边桂荣重新找到了位置。这之后,又发生了一件令人啼笑皆非之事。

1996 年,中央电视台"心连心"艺术团导演邹友开欲邀请边桂荣到大庆油田演出,但不知如何找到她。团里的一位演员说:"别找她了,她都老得走不动了。"邹导不甘心,一心想找到老歌的首唱者,便让当时的执行导演孟欣找到边桂荣。

孟欣给她打电话说:"边老师,您尽快到北京来,一定把身份证给邹导看看。"

见到邹友开后,边桂荣着实给导演一个大大的惊喜。四十出头的她带

着淡淡的妆，大高个儿，挺拔中透着干练。

邹导的脸上画着问号："你真的是边桂荣？"

"对呀！不信你看看。"边桂荣以东北人特有的幽默掏出身份证。

邹友开仰倒在宾馆的床上，笑得喘不上气来："她们说你老得走不动道了，哈哈哈！"

阔别二十余载，边桂荣再次踏上大庆这片热土，她心潮起伏。往事历历在目，清晰如昨。当年血气方刚的小伙子已步入中年，有的当上了油田的领导，有些年长的故友早已作古，自己也从一个单纯的小姑娘走向成熟。站在台上，边桂荣无法抑制激动的泪水，台下的观众更是热泪盈眶。歌唱家与观众的情感交织在一起，演出现场声随着情动，歌伴着泪飞。

花开花谢，物是人非。多少年过去了，但人们对《满怀深情望北京》依然情有独钟。边桂荣的生命里永远荡漾着不变的旋律，回旋着这支永远年轻的歌。

逐梦箴言

有一种情愫是与你一生撕扯不开的，不知是谁选择了谁，抑或是相互吸引，就像歌唱家与一首歌的缘分。善待这种缘分，珍惜每一次与它的相遇，生活会由此变得精彩。

知识链接

边桂荣

边桂荣，1953 年出生，1971 年末考入长春电影制片厂乐团，1988 年考入沈阳音乐学院，毕业后仍回到长影乐团工作。长春电影制片厂乐团国家一级演员，女高音歌唱家 。文化部

授予拔尖人才，是中国音乐家协会会员，中国电影家协会会员。
30多年来，曾先后为电影《艳阳天》《创业》《车轮滚滚》《流泪的
红蜡烛》《金光大道》《大渡可》《花园街五号》《刑场上的婚礼》等
二十余部电影录配了独唱。她是上中国电影银幕独唱名字的
第一个歌唱家，又在《燃烧的人》《红哨》《通化风情》《致富人家》
等电视剧中录配独唱。其中《创业》《艳阳天》等电影歌曲由中
央唱片社录制了唱片，国内外发行。

干打垒

干打垒是一种简易的筑墙方法，在两块固定的木板中间填
充黏土；第二种意思是用干打垒方法筑墙所盖的房。

另外，干打垒在语言意义上还指一种精神。干打垒精神指
大庆石油会战初期，广大职工因陋就简，解决居住困难的艰苦
创业精神，是大庆艰苦创业"六个传家宝"之一。

边桂荣

我的未来不是梦

■ 刘欢的峥嵘岁月

在电视机普及率还很低的 1988 年，大部分中国人的生活习惯是吃过晚饭以后，几家街坊邻居围在一台电视机前津津有味地看着两集连放的电视剧。

那一年，中央电视台的播出安排表上面周一周三和周五播放的是电视剧《雪城》，周二周四和周六播放的则是电视剧《便衣警察》。这两部电视剧主题曲的演唱者同为一人，他就是始终活跃在几代人心中的歌唱家刘欢。

就是在那个年代里，刘欢的声音通过黑白电视机的传送，飞进了千家万户，留在了从 50 年代跨越到 80 年代人们的心坎里。绝大部分人认为是《便衣警察》的主题曲《少年壮志不言愁》成就了刘欢，然而却很少有人知道，《少年壮志不言愁》敲定由刘欢来演唱，实际上要感谢的是《雪城》主题曲《心中的太阳》。

《雪城》拍摄结束以后，很多地方电视台先于中央电视台，对这部电视剧进行了播放，正是这样的一个机缘，让《便衣警察》摄制组的导演领略到了刘欢豪迈独特的声音，于是随即派人赶往北京寻找刘欢。

两首歌曲在 1987 年先后录制，巧合的是却在 1988 年同时被人们所熟知。当时修理自行车的老师傅，放学回家的小孩子……各个阶层各个领域里都会传唱着"下雪了，天晴了，下雪别忘穿棉袄……"，"几度风雨，几度春秋，风霜雪雨搏激流……"

刘欢的歌几乎在 1988 年成为了一种符号，与历史进程一样共同铭刻

在人们的记忆里。2001年北京市民投票评选出的新中国建国以来"我最喜爱的电视十佳歌曲"里,刘欢三部作品榜上有名,其中就包括1988年引领人们熟知刘欢的《少年壮志不言愁》。

民众的口碑和行业的奖杯,对于任何一个公众人物来说,都是曾经不可磨灭的荣耀,但同时也在无形中成了压力与动力并存的起点。刘欢不仅懂得这其中的玄机,并且始终付诸自己的行动,回报着人们对于他的期许。

在刘欢二十几年的歌唱生涯中,一曲又一曲脍炙人口直接抵达心灵深处的杰出作品不断出炉,《千万次的问》《好汉歌》《从头再来》以及2008年北京奥运会开幕式上他与莎拉·布莱曼共同激情演唱的《我和你》。

每一曲悠扬豪迈的歌,都伴随着时代的记忆。

刘欢曾经以为他谱写演唱的歌曲,能够引起共鸣的人群大多集中在出生于上个世纪60年代和70年代的人那里,但在一次录制《超级访问》的现场中,他看到台下早早候在演播室的观众,竟然都是生于80年代和90年代的年轻人时,很感慨音乐的魅力所在。

的确是音乐的魅力,让刘欢站在了舞台中央,成为了中国主流音乐的一面旗帜,是魅力的音乐造就了他。然而,他也从不曾辜负过音乐和喜爱他音乐的人们,他为下岗职工谱写歌曲,为优秀的影视作品演唱歌曲,应邀去世界各地把中国音乐的魅力最好地展现和弘扬……

所以,中国媒体记者对于刘欢从不吝啬溢美之词,他们用各种美名来赞美这位用心打造音乐,为人民打造音乐的歌唱家。

如今,在民众活跃度很高的KTV里,刘欢歌曲的点播率仍旧居高不下,生于上个世纪60年代的人借以打开记忆,生于70年代的人借以抒发情怀,生于80年代的人借以弘扬文化,生于90年代的人借以触碰梦想……

深受不同年代教育影响的人们,虽然解读和喜爱刘欢歌曲的初衷和意义不同,但他们却同时选择了刘欢和刘欢的歌曲。

或许1988年的刘欢并不能预知到今天他对于中国主流音乐和中国民众的巨大影响,但他似乎在1988年会隐约地感受到,他的峥嵘岁月伴随着慷慨激昂的音乐来了……

我的未来不是梦

逐梦箴言

　　厚积而薄发。任何一个人的成功都不可能一蹴而就，我们今天只能看到他一夜成名的风光，却看不到他追梦圆梦的艰辛，但时间会让一切得到印证。

知识链接

刘欢

　　刘欢，流行歌手、著名歌唱家。他演唱的很多歌曲在中国大地广为流传、经久不衰，其创作和演唱的作品多次获奖。主要歌曲有《少年壮志不言愁》《千万次的问》《弯弯的月亮》《好汉歌》《从头再来》等，深受广大群众喜爱。自 1985 年夺取首都高校英语和法语两项歌曲大赛的冠军以来，一直屹立于歌坛之巅，在中国流行歌坛有着举足轻重的地位，成为当之无愧的中国流行歌坛"大哥大"。

■ 从《圆梦》到圆梦

电视剧《刘老根》在中央电视台黄金时段热播后，主题曲《圆梦》一夜之间家喻户晓。然而这首歌的演唱者衡越，却丝毫没有意识到她梦圆之日正是《圆梦》炙手可热之时，她仍旧在武汉优哉游哉地走穴唱歌。

直到有一天，周围的人看衡越的眼光变得诧异，大家都在问："嘿，衡越，你的歌在中央电视台都播放了，怎么还在武汉唱歌呢？你得去北京发展才行啊。"此时的衡越才感觉到，这首曲目对她的人生开始产生影响。

的确，从《圆梦》开始，漂泊多年的歌手衡越，终于塑造出了专属于自己的歌唱风格，她自此以后不仅拥有杨柏森和杨震老师为她量身定做的曲目，而且还成为了赵家班的"御用"歌手。

所有梦想的顺利起航，都缘于这首粗犷厚重的歌，可最初接触这首歌的衡越却完全没有这种概念，对于她来说，争取到这首歌的演唱机会，只是想获得一种由衷的认可，就这样简单。

那是十年前，刚参加完演出活动的衡越，接到了赵本山经纪人的电话，对方简短说明了想请她尝试演唱这首《圆梦》的用意之后，把电话交给了身边的杨柏森老师。跃跃欲试的衡越，在杨柏森老师的要求下，高亢地唱完了《青藏高原》，刚想得意地炫耀一下自己的唱功，结果一盆冷水从电话里泼了出来。"对不起，衡越，你的声音太薄了，不是我理想中的效果。"电话随即被挂断。

衡越愣在原地，心里很不服气。她把电话回拨了过去，跟杨柏森老师

一再交流，希望对方能再给自己一次机会，进录音棚尝试一回。几经沟通之后，杨柏森老师同意了衡越的提议，由衡越承担一切往返和食宿费用，到北京尝试一次录音。

当时的衡越每天演出可以拿到两千块钱的酬劳，自费去北京，不仅要掏腰包买机票和住酒店，还要耽误几天的演出。这次尝试显然经济风险不小，但稍作考虑之后的衡越还是果断地去了。

第一次试音，衡越挺满意，可杨柏森老师却一点都不满意。衡越很沮丧地走了，她灰溜溜地坐在录音棚外，满怀心事。

半个小时的踌躇过后，衡越再次踏进录音棚，她信誓旦旦地跟杨柏森老师说："我不是有名气的歌手，需要一点时间感受和理解这首歌，你能不能再给我一次机会？"自费来北京，失败一次毫不气馁，杨柏森老师觉得衡越有魄力有坚持，所以勉强答应第二天可以再来试录一次。

得到这个答复的衡越很激动，她回到宾馆彻夜未眠，体会和练习了整整一个晚上。她要争口气，要让杨柏森老师微笑着点头。

可在第二天约定好的晚9点，杨柏森老师却没有让她录音。衡越站在录音棚的角落里，只能眼巴巴地看着二胡、唢呐等乐器一遍一遍地录音，她耐心地等待着。

凌晨5点，衡越等待的机会终于来了，她第二次走进录音棚试唱。这一次，衡越找到了全情投入的感觉，她忘我尽情地演绎着《圆梦》，唱得自己感动万分。

走出录音棚的衡越，得到了杨柏森老师的褒奖，一周以后得到了赵本山的肯定。终于，这首《圆梦》属于衡越了。

时隔多年，每每回忆起这段经历，衡越都很感慨。那些历历在目的细节，就像《圆梦》一样，在她心底留下了深深的印迹。这是她在歌唱道路上锲而不舍的一次追逐，也是她在音乐道路上满载而归的一次收获。

逐梦箴言

假如机会来临,你是贪图蝇头小利,还是义无反顾?假如一挫再挫,你是一蹶不振,还是锲而不舍?当你竭尽全力奔向目标的时候,即便没有功成名就,也一定会从中感受到接近梦想的喜悦,至少,不留遗憾。

知识链接

走穴

走穴原是相声界用语,清末民初时相声演员所在表演场地被称为"穴口",而到其他地方的穴口表演就被称为"走穴"。20世纪 80 年代,走穴一词被用于演艺界人士在国家体制之外进行演出,又被称为"走学"或"私演私分",召集走穴的人被称为"穴头"。后来"走穴"一词被扩展使用,凡在本职工作外进行的讲学等活动均被称为走穴。"走穴"一词出现之后,已引入各个行业进行运用,如医生、教授、节目主持人、画家、官员等等避开单位工作,运用自己技能到外面赚外快,都称为"走穴"。

我的未来不是梦

◎ 智慧心语 ◎

谁若是有一刹那的胆怯，也许就放走了幸运在这一刹那间对他伸出来的香饵。

——大仲马

人生成功的秘诀是当好机会来临时，立刻抓住它。

——狄斯累利

只有愚者才等待机会，而智者则造就机会。

——培根

良机只有一次，一但坐失，就再也得不到了。

——勃朗宁

世界上有许多做事有成的人，并不一定是因为他比你会做，而仅仅是因为他比你敢做。

——培根

第七章

为了艺术，为了爱情

戴玉强

·导读·

　　"身无彩凤双飞翼，心有灵犀一点通。"真爱的含义是共同的追求、有益的生活和心心相印，是在生活及忠实、善良、美丽事物方面的和谐与默契。爱是生命的火焰，没有它，就像没有了阳光，一切将会变成黑夜。岁月可以赢去我们的生命，却赢不去一路留下的欢声笑语和美好祝福。真爱加上坚韧不拔之志，无坚不摧！

■ 夫妻是彼此生命的另一半

　　7 月末的一个清晨，男高音歌唱家姜嘉锵和女高音歌唱家金家勤夫妻俩，像往常一样手牵着手走出家门，去到离家不远的颐和园、紫竹院里面遛弯、散步，这对已经携手走过 50 年的歌坛伉俪，将于 2013 年迎来他们的金婚日。

　　姜嘉锵素有"中国古典诗词艺术歌曲演唱第一人"之称，在洛杉矶第 24 届奥林匹克艺术节上被誉为"艺术界皇冠上的明珠"，音乐不止是成就了姜嘉锵的事业，更是他和妻子金家勤的媒人。1960 年初，中央民族乐团在中央歌舞团民歌合唱队的基础上成立了。作为乐团"元老"之一的姜嘉锵，除了完成演出任务，还负责教授课程，培养音乐人才，17 岁的金家勤就在这时闯入他的视线。金家勤美丽聪慧、知书达理，尤其是她的歌喉清亮圆润，令姜嘉锵另眼相看。而姜嘉锵的温文尔雅、诚实质朴和出众的才华也吸引着纯真的金家勤，爱意悄悄在他们心中生根发芽。

　　1961 年，金家勤毕业走出校门。半年后，金家勤调到中央民族乐团工作，和姜嘉锵成为同事，暗藏已久的情感在两人朝夕相对中爆发，那一年他们公开恋情。

　　相恋后姜嘉锵才知道，金家勤出身名门，本是晚清皇族的后裔，她的父亲金宗爵教授是京剧研究大师，她是著名书法大师启功先生的侄女，民国著名文人吴幻荪的外甥女。按照以前的传统身份来论，她应该是位小格格。这样曾经显赫、有着深厚文化底蕴的大家族，能接受自己吗？姜嘉锵

有些担心。

当金家勤把自己的恋情向父母汇报后,她的母亲便决定亲自去考察这未来的女婿。为了保证考察的真实准确,母亲让金家勤带路,选择突然造访。

"突然袭击"让姜嘉锵的狼狈相尽现,也让未来的丈母娘一眼认定,未来的姑爷就是他了。那天一进门,金家勤和母亲就忍不住笑起来,姜嘉锵的软底金丝绒元宝鞋前面开了个天窗,这位色盲歌唱家正捧着一双黑鞋,有点笨拙地认认真真地缝红线呢。在十几分钟的谈话后,金家勤的妈妈带着女儿回家了。路上,妈妈板着的脸让金家勤忐忑不安,没想到妈妈却开口说,以后这种缝补的手工活儿,就不要辛苦他了,你来帮他做吧。姜嘉锵的好品性得到了未来岳母的认可!

1963 年,在杭州东坡剧场后台的一间宿舍里,团领导和金家勤的女友靳玉竹为这对三个月前就已登记,却因巡演而迟迟未举办婚礼的一对新人举行了简单的结婚仪式。团员们凑钱为他们买了糖果,大家捐出自己喜爱的红丝巾、水杯,同事干净漂亮的床单做窗帘,他们幸福的婚姻生活就从"裸婚"开始了。

1965 年底,姜嘉锵被乐团派往抗美援越前线锻炼。当已经做好牺牲准备的姜嘉锵回到家中,面对还有十天就要生产的妻子时,不禁犹豫了。金家勤理解、尊重丈夫的选择,尽管不舍,夫妻俩还是依依惜别了。那段时间,姜嘉锵将不尽的相思情寄在几页薄薄的信纸上,而两个月才到一封的家信成为金家勤每天的盼望。夫妻的情分也在这种相思与盼望中浓厚、香醇。

结婚多年来,姜嘉锵和金家勤走在外面总是手牵着手。他们的好友关牧村曾非常羡慕地说:"你们真幸福,像恋爱中的情侣一样。"这牵手的习惯只缘于"十万火急找老伴儿"事件。原来,几年前的一天,金家勤去王府井好几个小时也没回来,急得姜嘉锵几乎给所有的亲朋好友都打了电话,原来金家勤是找不着家的方向了。此后为了防止此类事情再次发生,姜嘉锵出门时索性拉着夫人的手,遇到非要金家勤单独出门的时候,姜嘉锵就给她画张路线图,妻子和自己各备一份,而往往金家勤出门不久就会收到姜嘉锵的"电话导航"。老北京的"小格格"怎会不记得路?原来姜嘉锵是色

盲，每次过马路时，金家勤都要拉着姜嘉锵过红绿灯才能放心，而每次出门姜嘉锵都会记着路线，一来二去，金家勤养成了不记路、只看红绿灯的习惯，这个习惯也使他们牵着的手从此不再分开。

老百姓常说，舌头没有碰不着牙齿的。生活在一起的夫妻俩总难免有闹矛盾的时候，他们夫妻俩也如此，但他们却从未红过脸，对此夫妻俩的秘诀是：不抱怨，换位思考。

时刻为对方着想，使他们的婚姻生活总是充满了温情和甜蜜。初结婚时，身为南方人的姜嘉锵不习惯北方面食，但为了爱人不但专门学会了包饺子，还将厨艺练得"炉火纯青"，"姜味制饺技术"在家中无人能敌。姜嘉锵轻度色盲，他们家的物品从来只说高矮胖瘦，不说红的、绿的。金家勤有些近视，两人出外购物时，总是一个人看价格，一个人挑选颜色，这种取长补短的默契反倒让他们平淡的生活充满了乐趣。

共同的事业追求是这对歌坛伉俪幸福的根基。在生活之余，夫妻俩经常切磋演唱技艺，相互学习，互相促进。姜嘉锵除了系统地学习民族、民间音乐和地方戏曲，采撷传统声乐艺术之精华，还潜心研究中国古代歌曲和古典诗词，进行吟诵歌唱，如今，在演唱了大量中国民族艺术歌曲的同时，还录制了中国古典诗词歌曲 200 多首。金家勤 30 多年来演唱了大量的中国民歌、民族声乐作品，受到观众的喜爱。

姜嘉锵说，夫妻是彼此生命的另一半，并在一起才构成完美圆满的人生。

两件简简单单的定情信物：一个 60 年代的红色笔记本，一块 60 年代的洁白手绢，附着相携相伴一生的爱情信念，一直伴着姜嘉锵和金家勤这对歌坛伉俪走到了今天的古稀之年，他们让世人相信，爱情可以天长地久，爱情，不会变老。

梦想是价值的源泉,眼光决定未来的一切,成功的信念比成功本身更重要。人生是一个漫长的逐梦过程,只有挫折,没有失败;因为只要有足够的毅力,每一个失败都可以看作是迈向成功的新起点。"三人行,必有我师焉",像本节故事的两位主人公那样,相互学习,取长补短,在艺术的道路上不断钻研求索,最终成就高质量的人生。

知识链接

高音

高音在唱歌中是一个术语,指的是男声唱歌的实际频率超过小字一组#f1,女声超过小字 2 组 c2 的音。高音永远是唱歌中的核心问题之一,它代表了一个演唱者有没有实力。其实高音是使用一定的技巧和一段时间的训练,人人都有希望具备的。

■ 携手歌剧之路

戴玉强是我国著名的男高音歌唱家。近些年来，他活跃在各种大型演出的舞台上，从而越来越受到全国以及世界声乐界的瞩目。他作为一名古典音乐的演唱家，在艺术事业上所取得的成就是令人望尘莫及的，但是他仍然不断地追求更加完美的艺术境界，向着更高的层次攀登。

世界著名经纪人——"三大男高音"经纪人提伯·鲁达斯先生在听了他的演唱之后，给予了较高的评价。世界著名男高音帕瓦罗蒂听了他的演唱后，非常欣喜，并将其收为他的首位亚洲弟子。

然而每一个成功男人的背后，都会有一个默默付出的伟大女人。在戴玉强的身后就有这样一个伟大的女人，这就是他的妻子刘燕。土家族女高音歌唱家刘燕是北京歌剧舞剧院独唱演员，她的演唱音色甜美，清丽明亮，感情真挚，富有极强的艺术感染力，舞台形象优雅大方，青春气息浓郁，是一位具有实力的民族声乐歌唱家。

刘燕第一次认识戴玉强，是在一次下乡演出时。那时她的年龄很小，才 19 岁，单纯快乐。她注意到了那个歌唱得很好的男演员，他不和她们一起玩儿，在一旁看着，好像挺"郁闷"，就好像是一个拖家带口的"中年人"一般。后来戴玉强告诉她，自己那时的确郁郁寡欢，因为那几年他的生活很艰难。

婚后，刘燕用她的快乐给了戴玉强一个温暖幸福的家。戴玉强曾这样说过，他说："如果换一个人做我的妻子，我肯定没有今天的成就。"因为戴

我的未来不是梦

玉强如今的成就，都离不开刘燕的"辅佐"。

1995年，戴玉强演《图兰朵》时，第一场演出时就已经非常精彩了。所以第二场时，北京有名的男高音全都到场了。那天晚上，在世纪剧院，连过道里都站满了人。

因此，刘燕决定淡出了，虽然她那时也是颇有造诣的歌唱演员。曾有人说，刘燕的条件比戴玉强还要好。"但是男高音本来很少，而且培养一个也特别难，戴玉强各方面的条件又很好，所以结婚以后，我觉得应该让他出来，自己退出，全心辅助他。"

当时，还有一个重要原因让她选择了退居"幕后"：孩子。那年刘燕25岁，正值事业发展的最佳状态，女人一旦这时要小孩儿，就会意味着两年上不了舞台。她身边所有的人都说：你得考虑清楚啊！然而刘燕则非常肯定自己的想法。所以，她决定要这个孩子。刘燕生完孩子后，有段时间戴玉强很内疚，觉得对不住她，只因她重返舞台会遇到各种障碍。

现在的刘燕要不时承担一项重要任务：准备好摄像机，装好录像带，然后和丈夫共赴一场重要演出，她要将丈夫的演出录下来。回来后再一起看录像，完善一些细微的演出动作。基本上，戴玉强在国内上课时刘燕都跟着，帮他做一些练习，互相切磋。

刘燕为戴玉强默默付出的这一切，戴玉强默默记在心中，并且成为了他前进的动力。让刘燕自豪的是戴玉强特别重视这个家。在外面演出完了，他马上就回家。在家里他才能将所有的疲劳和不顺心都净化掉，第二次出去时就又精神抖擞了。这不能不归功于这个家的魅力。他平时也尽量为刘燕做些事情。刘燕有什么困难，他会千方百计地为她排除。

当他在国外演出时，远隔重洋，这个家更是紧紧地牵动着他的心。每天他都要给刘燕打电话，他必须要了解到她过得怎么样，否则心里就不踏实。在国外，周围都是黄头发蓝眼睛，公事办完人家礼貌地拜拜，他只能在宾馆一个人待着。外人难以想象，做歌唱演员竟是一份很孤独的职业。

不过，有了刘燕和这个家，戴玉强便永远不会再感到孤独了。

逐梦箴言

　　人最难的就是人性深处的自我磨炼。人的心性磨炼，远非读几则圣贤古训、看几篇锦绣文章所能代替。逆境对人的磨炼犹如春雨润物无声却深刻，它迫使人经常在心灵深处同自己对话，自己调节心态，以至战胜自我，超越自我，从而使自己意志如钢。俗语说得好，"玉不琢，不成器"，好钢没有在炉火里的千锤百炼，就难以成就其坚不可摧的"体格"。

知识链接

歌剧

　　歌剧是将音乐（声乐与器乐）、戏剧（剧本与表演）、文学（诗歌）、舞蹈（民间舞与芭蕾）、舞台美术等融为一体的综合性艺术，通常由咏叹调、宣叙调、重唱、合唱、序曲、间奏曲、舞蹈场面等组成（有时也用说白和朗诵）。早在古希腊的戏剧中，就有合唱队的伴唱，有些朗诵甚至也以歌唱的形式出现；中世纪以宗教故事为题材，宣扬宗教观点的神迹剧等亦香火缭绕，持续不断。但真正称得上"音乐的戏剧"的近代西洋歌剧，却是 16 世纪末 17 世纪初，随着文艺复兴时期音乐文化的世俗化而应运产生的。

中国民歌的"并蒂莲"

传说中，10万株莲花中，才能开出一支并蒂莲。从孩提时代的青梅竹马，到歌坛大腕，最后到商界新星，叶毛、廖莎实现了人生与命运的裂变与突破，成为和谐盛开、万众瞩目并赞赏的"并蒂莲"。

"浏阳河弯过了几道弯……"一首老歌，能唤起一段回忆，一幅画面，能让人沉浸在过去的时光。尽管回忆不都是美好的，但岁月流逝，伴随我们的当然也离不开那一首首难忘的歌。无论是哪一个年龄段的人，一定还会记得这首湖南民歌《浏阳河》。

演唱这首歌的夫妻叶毛、廖莎的名字，如今的年轻人或许会陌生。但是，对于稍年长的人来说，他们的名字再熟悉不过了。叶毛和廖莎是我国著名的男女声二重唱表演艺术家，从1985年到1995年，他们在舞台上荧屏上活跃着，载歌载舞，这对珠联璧合的男女对唱夫妻演唱的《中国的月亮》《太阳最红，毛主席最亲》《浏阳河》《采红菱》等歌曲脍炙人口，传遍大江南北。

叶毛和廖莎的故事突出一个"缘"字，是良缘，更是奇缘。他们的二重唱是从相继出生的那一天就开始了。这是一对很独特的夫妻，从幼儿园到后来工作，两个人始终相伴左右。10年海政歌舞团的演艺生涯使他们夫唱妻随形影不离。

叶毛和廖莎同年出生，相差81天，先后降临在同一条老街上。廖莎7岁的时候进了长沙少年合唱团，看到叶毛唱独唱，非常羡慕，并下决心走歌

唱的道路。他们 8 岁的时候，同台演出，在叶毛唱《赞歌》的那一瞬间，就好象一尊偶像一样，永远定格在了小小的廖莎心里。

他们自幼天资聪颖、喜爱音乐，少年时代就一同崭露歌喉，成为长沙市红领巾歌舞团男女独唱的小童星。1972 年，叶毛考入湖南省京剧团，廖莎于 1980 年调湖南广播艺术团任独唱演员。作为青梅竹马的他们，于 1981 年一同就读于中国音乐学院。1983 年，他们开始根据自己的特色探索男女声对唱、重唱艺术。

1985 年在首都舞台上脱颖而出，受到广大群众的喜爱和各方面的关注。1986 年一同调入中国人民解放军海政歌舞团，任男女声对唱、重唱演员。他们以甜美的歌声、精湛的表演、默契的配合、浓郁的民族风格，赢得了无数观众。

后来虽然他们天各一方，但是经过十年的风风雨雨后，在他们二十多岁的时候，又被巧合地安排到了一起。于是，他们同窗三载，又在同一个舞台上唱着同一首歌，演绎着他们十年演艺生涯的故事。夫唱妇随，形影不离。

在这对夫妻的演唱生涯中，有很多故事值得我们细细品味，同时也可以从中学到很多。

廖莎在湖南广播艺术团的时候，虽然说时间很短，但是对廖莎来说却影响很大。她在那段日子里明白了一个道理，就是不管做什么事情，一定要有自己的个性和特色，如此才可以更好地发展。所以，廖莎后来到北京的时候，就开始往湖南民歌的方向来发展，并塑造了她的民歌风格的定位。

然而在北京的大平台上，想要突出是非常不容易的，一定要一打眼就立刻吸引人的眼球才行，也就是说，必须要有自己的鲜明个性。

廖莎刚到北京的时候是以独唱演出的，在她的努力下，与同学彭丽媛形成了"北有彭丽媛，南有廖莎"的局面。

后来，叶毛也到了北京，廖莎觉得他作为男高音不是特别突出，于是，决定牺牲独唱，和叶毛搞一个男女声合唱、二重唱。然而在当时的北京，独唱是非常多的，如果没有自己的特色，是不会突显出来的。而男女声合唱这种组合是非常稀有的。而叶毛又有戏曲功底，并且个头与廖莎也比较般

配,他们认为弄出一组湖南民歌男女声对唱、二重唱,在北京一定会有站稳脚跟的机会。

机会总是留给有准备的人。半年后,经过叶毛和廖莎进行了有目的有规划的准备后,机会终于来了。有一场叫"中国民族音乐晚会"的大型重要演出,所有的新老艺术家都争先恐后地抢着上,但都是独唱,并没有男女声对唱、二重唱。于是,廖莎和叶毛便毛遂自荐,申请上这台晚会。

学院里其他系的学生听说他们想上这台晚会,都非常不服气,并自发组织配对,要跟叶毛和廖莎 PK。校长非常重视这件事,于是同意搞一次评审。结果评审下来,除了叶毛和廖莎,其他人都被 PK 下去了。这是因为叶毛和廖莎两个人提前半年就已经开始准备,而且还请了声乐老师、戏剧老师辅导,可见优势已经非常明显了。

那场晚会来了很多重要领导,而叶毛和廖莎两个人在关键时刻表现得非常好。音乐一起的时候,两个人之间的默契和恋人之间的感觉全都爆发出来,非常有感染力。一首歌还没唱完,整个现场的气氛都被带动起来了。

从那以后,两个人就被北京的文艺团体注意了,其中海政歌舞团最先将他俩调了过去。

廖莎在一次采访中说,她这辈子都没想到会跑到餐饮行业里来。因为她为了歌唱,差点把生命都奉献出来了。可以说,廖莎是对歌唱事业愿意付出一切的人。说廖莎为了歌唱差点奉献出生命,也是有故事的。

那时廖莎还在广西桂林空军部队的时候,她利用空余的时间到桂林歌舞团学习,并拜郁钧剑做老师。可是当时部队管理是非常严格的,所以廖莎总是没有请假便偷偷地溜出去学习。

有一次,在廖莎偷偷跑去歌舞团学习的时候,在大街上被公交车给撞了,醒来的时候已经被送到了医院里,差一点就牺牲了。那一次事故撞了两个人,一个人就是廖莎,另一个人已经去世了。这一次危险的事故虽然使廖莎躺在了医院,但并没有使她放弃歌唱的梦想。

每个人都有自己的追求,然而每个人所追求的理念并不完全相同,也并不一定可以相互认同。但是,成功的道路只有一条,那就是放下当前所得到的利益，不懈地追求和坚持。正是因为廖莎和叶毛的这种坚持和不懈努力，才赢得了他们所得到的成就。

到北京后，叶毛和廖莎一门心思没入在艺术创作中，整天都在练功、表演。甚至在这种追求中，他们自己会感动、会哭。他们认为，如果能被自己感动，观众也肯定会被感动。而之所以说叶毛和廖莎的节目好看，大概就是因为有很多观众，被他们的真诚而感动。

连续上了几年的春节联欢晚会的他们，曾一同到美国、日本、泰国、斯里兰卡等国家和港澳地区演出，并于 1989 年在朝鲜举行的第十三届世界青年联欢节上，捧回了金奖，为祖国争得了荣誉。

他们常被认为是演艺圈中的实力派，他们拥有同一个家庭，同一项专业，同一首歌，他们的名字始终联系在一起。同心同德，共同追求，是叶毛和廖莎奋斗的终极目标。他们也常被人们看做是和谐的象征，传为幸福的佳话。

叶毛和廖莎是一对非常独特的夫妻，他们从幼儿园开始，到后来工作，两个人始终相伴左右。10 年海政歌舞团的演艺生涯，也使他们夫唱妻随形影不离。如今的他们，不仅是中国民歌盛开的"并蒂莲"，也是商海中盛开的"并蒂莲"。

他们曾经通过动人的歌声向人们传递快乐和幸福，如今，他们通过美食也在为人们传递着快乐和幸福。如今的人们回忆起当初他们的歌声，仍然历历在目，余音绕梁。之所以这样，正是因为他们在用真诚和热情诠释着自己对艺术的理解，对中国民歌的理解。

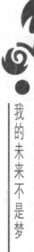

逐梦箴言

　　坚持,是一个过程,一个持续的过程。想成一事,就要一件件小事慢慢儿地做,积少成多,正所谓:不积跬步,无以至千里;不积小流,无以成江海。大道理,谁都会说,但是,能够真正"坚持"下来的人却很少。有些人,做事是怕别人说失败,为不失败而坚持。有些人做事,为了成功,为了成功的目标而坚持。但是坚持的结果都是成功。因此坚持常常是成功的代名词。想要实现自己的梦想,就要坚持,就要努力,这样才可以成就梦想。

知识链接

叶毛、廖莎

　　我国著名的男女声二重唱表演艺术家,他们于 1959 年先后(相差 81 天)出生于湖南省长沙市。他们自幼天资聪颖、喜爱音乐,少年时代就一同崭露歌喉,成为长沙市红领巾歌舞团男女独唱的小童星。1972 年,叶毛考入湖南省京剧团,廖莎于 1980 年调湖南广播艺术团任独唱演员。作为青梅竹马的他们,于 1981 年一同就读于中国音乐学院,师从著名声乐教授张牧、金铁霖、姜家祥。1983 年,他们开始根据自己的特色探索男女声对唱、重唱艺术,1985 年在首都舞台上脱颖而出,受到广大群众的喜爱和各方面的关注。1986 年一同调入中国人民解放军海政歌舞团,任男女声对唱、重唱演员。

■ 知心爱人

"一百年的爱情难不难,谁有这个发言权?"在当今这个物欲横流的时代,有多少人在随波逐流,有多少人假言假面,有多少人在隐忍着自我欺骗;奇妙的生活依然如流水般消逝,而爱情已经成为了梦幻中的情节。当付笛声、任静演唱《爱情一百年》这首歌时,人们不禁为他们执着的生活模式与专一的爱情态度欣喜。某个夜深人静之时,爱情像沉沉的幽兰,在世界的某个角落无声地绽放。

付笛生和任静是娱乐圈里公认的模范夫妻,这对幸福的夫妻搭档,自从 1997 年推出歌曲《知心爱人》后,赢得了亿万歌迷的心。那隽永动听的旋律,朗朗上口的歌词,奔放激越的深情,歌声中不加修饰的"真",朴素踏实的"爱",打动了无数踏踏实实过日子的普通人,使听众感受到了家庭的温馨、爱情的美好。连他们自己也没有料到的是,"知心爱人"已成为一句时尚语言,一种现代人对美好情感的寄托与向往。可以说《知心爱人》是任静、付笛声夫妻 20 年感情历程的真实写照和幸福纪念。

身材高大、一表人才的付笛声,曾经是"西北风"时期的当红歌星。1961年,付笛声出生于哈尔滨市一个文艺之家,在父母的熏陶下,从小颇具音乐天赋的他对音乐怀有浓厚的兴趣。少年时代跨入最高音乐殿堂,在中央乐团学员班的三年里,系统地学钢琴、习作曲、练和声,打下了扎实的基本功,渐渐成长为多面手,并以优异的成绩毕业留团担任长笛演奏。1983 年,著名歌唱家李谷一筹建中国轻音乐团,这个特别喜欢唱歌且多才多艺的北国

我的未来不是梦

小伙子,考进乐团演奏长笛兼独唱歌手。两年后,他出版了第一张个人专辑。

因为青少年时代就远离父母,付笛声虽然事业红火,但心灵深处对家庭温暖的渴望,随着年龄的增长与日俱增。他看上去高大豪爽,其实性格内向,感情细腻。身居热闹、嘈杂的文艺圈中,内心深处却钟爱清纯而"传统"的女孩。然而,文艺圈内令他钟情的女孩子却凤毛麟角。他一边唱歌,一边寻觅着。

有心人,天不负。1988年,幸运女神降临了。一次,任静和田震去上海体育馆演出,在上海机场与前来上海参加电视台文艺晚会的付笛声不期而遇。金童与玉女相逢,两个人不禁心中荡起千层涟漪。当两双手紧紧相握时,缘分似乎已将两颗心锁定。也许是上帝的安排,付笛声恰好被安排到任静所住的饭店住宿,使他们有了更多的相互交谈与了解的机会,演出结束后,两颗年轻的心已靠得更近了。

上海之会成了他们两人生命线上一道亮丽的风景。此后,录音、演出、聚会,两个人的交往自然多了起来。任静慢慢发觉对自己频示好感的"圈中人"豪爽间含温和,粗犷里蕴细致,魁梧中藏内秀。相同的志趣,相近的性格,共同的语言,任静的一颗芳心似有所属。

任静是一位土生土长的北京姑娘,也出身于文艺家庭。自幼酷爱舞蹈的她,经过长年的艰苦训练,出落得形体优美、风姿绰约。虽然拥有一副甜美、清亮的好嗓子,只可惜在声乐方面没有受过专门训练。而乐理基础扎实,为人热忱厚道的付笛声,恰恰又缺乏形体、舞蹈方面的锻炼。两个人各有短长。只有取长补短,才能相得益彰。事业上的互补,情感上的渴求,使他们双双坠入爱河。1989年初,这对有情人喜结连理。从此两个人在中国流行歌坛上携手共进,比翼齐飞。

通过付笛声的精心辅导,"半路出家"的任静在乐感、吐字、发音、用气、节奏等方面有了长足的进步。几年工夫,其个人专辑就出版了十几盘。而在任静的"调教"下,"笨手笨脚"的付笛声的形体气质、手眼身法、表演幅度等方面也有了较大的改变。1993年,付笛声排练春节联欢晚会《众人划桨开大船》这一气势磅礴的独唱歌曲,歌中仅有的8个舞蹈动作,任静就为之忙乎了两个星期。"一支竹篙哎,难渡汪洋海;众人划桨哟,开动大帆船……"

万众瞩目的"春节大联欢"上，付笛声捧走了金奖，他的那首歌被评为"最受欢迎的节目"。可谁知道，在付笛声成功的背后，任静洒下了多少辛勤的汗水！

喜悦之余，设想已久的一个念头在付笛声的脑海里跳跃——那就是出版一张由他与任静两人共同演唱的歌曲专辑。因为早在1995年，这对歌坛伉俪就已经有这个打算并开始创作专辑中一些歌曲。尽管1985年时，付笛声就有了他的第一张个人专辑，但按他的话说，那些歌"现在都不敢听"；任静更是了得，曾在20世纪80年代末录了十几张唱片，歌声传唱得街知巷闻，可时代所限，也并没能留下什么自己的代表之作。到90年代包装风潮涌起，他们被无可奈何的低质量制作拖得一度疲惫不堪的心才又活跃起来，两个人都觉得该有真正属于自己风格的作品，并且是要让人感到全然不同于以往的新形象。当付笛声把计划说给妻子听时，任静兴奋不已，两个人开始悄悄进行专辑主打歌曲的准备工作。

那时他们刚刚搬到任静父母家一间9平方米小房间里暂时"蜗居"，一张床再加上3万元的合成器，就把房间塞得满满的，连一张小凳子都塞不下了。为了不让灵感溜走，付笛声只好每天趴在床上写。每当付笛声写出的新歌经过两个人的反复推敲琢磨，获得满意效果的时候，夫妻二人都会像孩子一般欢笑、雀跃。不过，对于丈夫写的歌曲，任静并不是一味地说好，她总是能够给予中肯的评价。于是，一个唱，一个听；一个写，一个改——悉心谱写绝妙好词。付笛声创作时也常显露任静的影子，任静几乎就是他的"首席舞台监督"，所有新歌经任静"审查"通过后，他才拿出去。"多年来我写了不少歌，这些歌的第一个听众总是任静，当我写出一支不错的旋律时，我们两人总是兴奋不已。不过更多的歌往往是在第一个听众听完以后，就被放在箱子底下不知何时见天日了。"对此，付笛声认为，当他在为自己的新作扬扬得意的时候，最为需要的就是有一个比较理智的人能在身旁发表意见，为他提醒。而任静出色地扮演了这个重要的角色。

在爱妻的支持鼓励下，付笛声在作词、作曲领域进行了大胆的探索。当一首首动听的情歌诞生时，他们之间的情感也得到了升华。《慌乱》《季

我的未来不是梦

159

节《知心爱人》《你是幸福的我是快乐的》《初恋般的味道》……就是两个人汗水的结晶。多年来,他们一直钟情于演唱爱情主题歌曲,并以"知心爱人"的形象出双入对,相亲相爱,羡煞好多人。

"当鱼尾纹爬上我的脸/只有你能读懂那句诺言/虽然手上印着老年斑/依然相互拥抱/相互取暖……"相信《爱情一百年》这首歌的出现,会给歌坛、给所有人带来无限喜悦。在这个备受速食主义侵蚀的社会,太多疯狂、迷乱的新新人类宣言在呼喊。可是,人们会在心底最深最柔软的地方,听到付笛声、任静的轻轻吟唱,在美好如梦境般的阳光下,静静凝视着爱情。

逐梦箴言

匆匆的都市,幸福生活,白头到老,这样的生活让人们多少渴望。真诚相对,相濡以沫,白发苍苍时两人相互搀扶走过街头,这是一个属于永恒的镜头,是人们爱情理想最辉煌的画面。付笛声与任静的歌声,字字句句都是幸福的誓言。作为成功的歌者,他们一直没有停止对艺术执着的追求,当岁月风雨飘过,回首以往,生命中爱情不眠。

知识链接

西北民歌

是指流行在陕西、山西、甘肃、宁夏、青海等省区的民歌。其中以"花儿"和"信天游"最具代表性。"花儿"的旋律有两种类型:一种是节奏自由,旋律高亢辽阔、起伏较大的;另一种是节奏工整、结构严谨、旋律平稳、表达感情较为细腻的。"信天游"是陕北民歌中一种特别的体裁,最能代表陕北民歌的风韵。陕北民歌受到地域和文化的影响比较深,尤其是受到黄土高原独特的地理位置、生活方式的影响,"信天游"的个性特点十分明显。情歌是信天游的精华,其中比较著名的歌曲如《兰花花》、《走西口》等。

■ 因为爱情

　　同是父亲为音乐的启蒙老师，同是中国音乐学院附中吹奏乐的学生，冯晓泉和曾格格以师哥师妹的关系结识了，而爱情的开始则来自于对音乐的那一份特殊的喜爱。

　　在学校里，晓泉就开始自己创作歌曲了，他拓展思维，一连写了几首歌曲，但是都未被赏识，唯独格格看好了那首晓泉写了好几个晚上的《中华民谣》，师妹的鼓励使晓泉坚持下来，一段时间后，这首歌红遍大江南北，晓泉也开始在音乐之路上崭露头角。同时，"千年玉笛第一人"的格格也有着独特的音乐才华，她的笛声和箫声深深吸引着晓泉。有音符时刻萦绕周围，爱情就在这样的氛围中滋润开来了。

　　二人的结合让他们的音乐梦想迸发出了新的火花，他们在民族音乐中融入了时尚流行的元素，创作出既有民族音乐的魅力，又易于现代人接受的音乐形式，被誉为"新民乐"的发起人和开创者，受到海内外观众的推崇和喜爱。

　　1993 年，伴着笛声阵阵，晓泉和格格携手步入了婚姻的殿堂，结婚后，晓泉一心搞创作，写出了一批曲子，如《冰糖葫芦》《稻草人》《苦涩的歌》等。随着人们对民乐喜爱的回潮，晓泉的作品终于得到很多同行的肯定和观众的欢迎。1994 年，由冯晓泉作词、作曲的歌曲《中华民谣》获"中国十大金曲奖"、中央电视台"全国优秀作品一等奖"。

　　1996 年创作的《冰糖葫芦》又获"1996 中国十大金曲奖"，并成为 1997

我的未来不是梦

年中央电视台春节联欢晚会的独唱歌曲。格格也并没有在婚后放弃自己的音乐事业。

1993 年，她应敦煌艺术剧院邀请参加"敦煌鼓乐"，第一次把千年玉笛、玉箫搬上舞台，被誉为"千年玉笛第一人"。

1994 年春节，她又录制了《浔阳遗韵》，被誉为中央电视台经典之作。冯晓泉和曾格格不仅在国内巡演推广新民乐，还在新加坡、日本、南非等国家和地区举办了 15 场专场音乐会，推出《雪山》《雨中花》等众多优秀作品，使他们成为中国民族新音乐的领军人。他们在维也纳金色大厅、柏林爱乐大厅、悉尼歌剧院等音乐圣殿的表演震撼了观众，让所有的人都深切地感受到了中国音乐的无限魅力。

因为音乐，爱情萌芽成长；因为爱情，音乐升华丰富。乐曲的神奇令人无处揣摩，爱情的力量也让我们折服，曾格格和冯晓泉，这对伴随着音乐和幸福的爱侣，我们衷心希望他们的音乐之路越走越好，他们的爱情天长地久！

逐梦箴言

人世间凡是真纯的事物都无限美好。爱情，这是从心底里流淌出来的最动人的诗篇；而被爱浸润的音符则格外拨动心弦。在音乐中成长，在爱情里年轻，他们用真情和才智弹奏着一曲醉人的知音曲。

知识链接

中国民乐

中国民族音乐是指用中国传统乐器以独奏、合奏形式演奏的民间传统音乐。

中国民族器乐的历史悠久。从西周到春秋战国时期民间流行吹笙、吹竽、鼓瑟、击筑、弹琴等器乐演奏形式，那时涌现了师涓、师旷等琴家和著名琴曲《高山》和《流水》等。秦汉时的鼓吹乐，魏晋的清商乐，隋唐时的琵琶音乐，宋代的细乐、清乐，元明时的十番锣鼓、弦索等 演奏形式丰富多样。近代的各种体裁和形式，都是传统形式的继承和发展。

我的未来不是梦

◦ 智慧心语 ◦

春天不播种,夏天就不生长,秋天就不能收割,冬天就不能品尝。

——海涅

一个人的真正伟大之处就在于他能够认识到自己的渺小。

——保罗

最可怕的敌人,就是没有坚强的信念。

——罗曼·罗兰

由百折不挠的信念所支持的人的意志,比那些似乎是无敌的物质力量具有更大的威力。

——爱因斯坦

人生的价值,并不是用时间,而是用深度去衡量的。

——列夫·托尔斯泰

骐骥一跃,不能十步;驽马十驾,功在不舍;锲而舍之,朽木不折;锲而不舍,金石可镂。

——荀况

第八章

好大一棵树

毛阿敏

◦导读◦

　　以歌唱为职业的人因其处于不同阶段而称呼不同,一般被称为演唱者,稍有成就者被称为著名歌手,而终身成就者当然称歌星或歌唱家。与歌星比,歌唱家的伟大不仅仅是拥有专门学识,自成流派,为人追捧,更在于他们倾尽一生的光和热去照亮黑暗温暖群星,换言之,他们是"歌唱宇宙"中的"恒星"。

■ 中国之莺　桃李天下

　　周小燕是中国声乐界德艺双馨的泰斗级人物。她不仅以花腔女高音的声乐技艺征服世界歌坛，被誉为"中国之莺"，而且倾尽六十几年的心血，为中国声乐界培养出无数国内外顶尖歌唱家。

　　廖昌永、张建一、魏松、高曼华、李秀英……这些璀璨的名字，如今高高挂在中国声乐界的历史篇章中，他们的背后都离不开周小燕当年全力以赴的托举。提及周小燕这位恩师，所有师从于她的学生，都会有讲不完的故事。

　　《老师，我总是想起您》，这首凝结着廖昌永对周小燕无限感激的歌曲，时常出现在他的演出中。每一次演唱，廖昌永的眼前都会浮现出一幅又一幅与恩师周小燕相处的情景。

　　结识恩师周小燕的时候，廖昌永是一个操着浓重四川口音，挽着裤管光着脚丫的农村孩子。初见大名鼎鼎的周小燕老师，廖昌永紧张得无所适从，为了避免和周小燕老师正面相见，他甚至跑到对面的马路边躲了起来。

　　尽管当时的廖昌永有着乐理基础差、口音浓重这样学声乐的大忌，但吸收人才不拘一格的周小燕，还是接纳了廖昌永。在廖昌永的记忆里，当时恩师周小燕对他的指导和教育，既耐心又细致，几乎是一个字一个字地为其纠正，使他迅速在业务水平上得到了提高。

　　廖昌永在恩师周小燕的点拨下，逐渐羽翼丰满，最终他成为多个世界一流歌唱比赛的金奖获得者。当时有很多西方的评委，对于廖昌永的成功十分感慨，他们认为这样优秀的歌唱家，只有欧洲几个少数地区才能培养

得出来,而他的老师竟然是那样一个瘦小的女人。

与廖昌永一样在国际歌坛技惊四座的张建一,曾经是浙江湖州玻璃厂的一位普通工人。同样是在恩师周小燕的培养下,这个原来对乐理一窍不通的年轻人站在了世界歌唱比赛的冠军领奖台上。

当年,张建一在维也纳听到颁奖人说"第三届国际歌唱家声乐比赛冠军是中国选手张建一"的时候,他热泪盈眶地扑到了恩师周小燕的肩上。"老师,我该怎么报答你?"这句发自肺腑的话语,说出了张建一内心崇高的敬意。

然而无论是廖昌永还是张建一,周小燕看待他们的成就都很淡然。"廖昌永成功了,张建一成功了,他们能够为国家争光,做事是最重要的。至于是哪个老师把他们塑造出来的,我周小燕在其中起了什么作用,这并不重要。"

周小燕将自己定位在了教师这个岗位上,所以她认为教书育人那是理所当然,学生成功了,那是他们自己辛勤汗水换来的丰硕成果,与老师关联不大。正是周小燕这种淡泊名利,谦恭仁厚,使得她在艺术和人生修为中达到了至高的境界。

中国老一代歌唱家郭兰英,每每与周小燕相逢,都会深深地拥抱这位令人敬仰的声乐教育家,由衷地问候一句:"周老师好。"

"周老师好。"这句朴实的问候,是周小燕最喜欢的师生情谊表达。直到现在,已经九十五岁高龄的周小燕,仍旧每天在家中给学生上课,每天听着这句简单但饱含深情地问候。

这就是中国声乐界德高望重的周小燕,一代宗师的周小燕。

逐梦箴言

作为中国文化界的泰斗和象征之一,大师周小燕的确值得人们顶礼膜拜。尤其是在世风日下、人心不古的当下,坚守需要信念的指引,成功需要榜样来引领。周小燕,这位几近至人的导师,当之无愧。

为人民歌唱

"有一对老两口,唯一的儿子在监狱服刑。中秋之夜,老人很想念儿子,于是拿着小板凳、月饼和很多零食来到监狱的大门对面,面朝着监狱的方向,整整坐了一个晚上,在他们心里,这就是和儿子在一起欢度了佳节。"这是著名歌唱家贠恩凤在慰问监狱的时候,给服刑人员代表讲的一个故事,她很想用这个故事给面前这些人传递一份爱,告诉他们,要好好地服刑,争取早日回归社会,回归到家和日夜思念他们的家人团聚。

在贠恩凤讲完这个故事以后,她为在场所有服刑人员送去了自己的歌声。随后她对身边的狱警提出想去监房里面看一看,贠恩凤想更近距离地接触一下正在服刑的人,给他们送去更多的温暖。进入监区之后,通过室内闭路电视已经看到了贠恩凤讲故事和歌唱的服刑人员,齐刷刷地跪在了地上。这一幕,让贠恩凤久久难忘。

一位服刑人员对贠恩凤说:"谢谢您,贠恩凤老师。像您这样的歌唱家,普通人或许都很难能看到,您愿意到我们这里来唱歌,谢谢您。您是受政府委托来到这儿的,这说明政府还把我们这些人当人看,还关心我们。这一辈子,我就是死也能瞑目了。"服刑人员发自肺腑的表达,让贠恩凤感到既欣慰又心酸。

这在贠恩凤六十几年的歌唱生涯中,只是很小的一个故事,她每一次义务为人们歌唱,都会用自己的歌声打动人们的心灵,也会为此改变一些人的观念。贠恩凤说:"只要他们听到我的歌声,觉得心情愉悦了,那么我

唱得歌就有意义了。"

在贠恩凤眼中,唱歌是自己的终身追求,为人民唱歌是自己责无旁贷的责任。

贠恩凤总是说,我是唱陕北民歌的,民歌只有在人民之间才有生命力,所以我一定要给人民唱,一辈子给人民唱。那些希望听到我们歌声的地方我要去,我认为需要我们歌声的地方我也要去唱。

很多年前的一天,贠恩凤主动找到当地省委宣传部的领导,她说:"我想到少年管教所去看看那些失足的孩子。"贠恩凤的请求很快得到了领导的认可,于是贠恩凤到了那里去看望孩子们。当贠恩凤看到黑板上,孩子们工工整整地写着"欢迎亲爱的贠老师"时,她的眼泪情不自禁地流了下来。

贠恩凤在那里和孩子们聊天,给孩子们唱歌。她说:"这些孩子都非常的聪明。是因为父母工作太忙,忽略了对他们的教育,所以导致这些孩子到社会上学坏了。"贠恩凤理解孩子们,并且相信这些孩子能够通过党的教育改邪归正,所以她把更多的爱心播散在这里。

对于年轻的犯过错误的孩子们来说,能有人这样关心他们,没有嫌弃他们,这绝对是一种心灵的鼓舞。

贠恩凤就是要让孩子们感受到这些爱与希望,就是要让所有在基层工作的人们感受到自己的重要性,所以贠恩凤一直在奔走歌唱。

几乎每一年的春节,贠恩凤都是在慰问演出的现场。到最偏远的地区去,到最贫困的地方去,到最危险的去,到人民最需要鼓舞和支持的地方去。

贠恩凤就是满怀着这样的一种信念,每年上百场的演出唱歌给人民听,她的足迹遍布警察队伍、工厂、公交公司、监狱……直到贠恩凤退休很多年以后,她依然这样为人民歌唱着。

在当地省委宣传部的领导来看望贠恩凤的时候,领导很感慨地说:"贠恩凤老师,现在已经是市场经济了,您还能这样义务地为人民服务,您让我们很感动。而且,您这种服务不是一年二载,能坚持这么多年,很了不起。"贠恩凤在听完这番话以后,很认真地说:"我是在党的教育下成长起来的,这些事都是我应该做的。"她和老伴孙韶15个春节都没在家过,却把歌声

和欢乐带到千家万户。

在贠恩凤的人生履历中，为人民服务绝对不仅仅是一句口号，而是她为之奋斗的终生目标。她一直在这样做，一直在为人民歌唱着。

郭兰英老师曾经说："恩凤心里总是有群众，唯独没有她自己。"贠恩凤的乡亲们说："恩凤思乡亲，心怀庄稼人。"可贠恩凤自己却说："人民是我最尊敬的老师和知音。我要一辈子为人民歌唱，为人民服务。"

逐梦箴言

艺术的发展需要助推的力量和传承的人们，贠恩凤用自己六十几年的身体力行在告诉歌者，不仅要歌唱，而且要为人民歌唱。因为人民是滋养音乐培养人才的沃土，更是歌者最好的老师和知音。

知识链接

孙韶

孙韶，汉族，1934 年 9 月 27 日生于河南洛阳，原籍山西运城。大专学历，国家一级作曲，中国音乐家协会会员，中国民族管弦乐学会荣誉理事，曾任过陕西省广播电视民族乐团的团长。主要作品《灯碗碗开花在窗台》《手摘红枣想亲人》《延安儿女心向毛主席》《小米饭香来土窑洞暖》。四十多年艺术生涯，为广播、电视、电影、舞台演出、出版唱片、盒式录音带，创作音乐作品千余首。曾出版《碗碗腔典选》《孙韶歌典选》。曾率团赴日本、香港演出。艺术成就收入《中国音乐家名录》《中国文艺家传集》《当代中国艺术界名人录》《中国音乐家辞典》《东方之子》《世界名人录》。

我的未来不是梦

■ 情系雪域高原

唱着藏族民歌，才旦卓玛以技压群芳的绝对优势，成为西藏地区第一代走进首都北京的歌手。在藏族人民的心中，才旦卓玛是飞出去的金凤凰，是榜样，是骄傲。

然而，谁也没有料到，这只承载太多人期许的金凤凰，竟然在事业巅峰期义无反顾地回到家乡西藏，并且将毕生的精力都用于歌唱和传承地方音乐事业方面。

才旦卓玛的抉择是经过慎重思考的，尽管当时如日中天的事业和城市锦上添花的生活，令才旦卓玛心潮澎湃，但周恩来总理的一番话，让她清醒意识到了属于自己的艺术天地究竟应该在哪里。

当时周恩来总理高度肯定了才旦卓玛的才华以后，亲切地对眼前这个不谙世事的姑娘说："你毕业以后，还是回去的好，你是唱藏族民歌的，要脱离了藏族的土壤，将来的业务会受影响，你的酥油茶、糌粑的味道就会少了、淡了。西藏需要更多的民族干部，你也可以回去好好地为西藏人民唱歌，为西藏人民服务。"

这番语重心长的话，深深滋长在了才旦卓玛的心灵世界里。她感受到了自己身上沉甸甸的责任。

回到家乡以后的才旦卓玛，几乎走遍了西藏的每一个角落，她用自己婉转动听的歌声，为当地的牧民送去了最诚挚的祝福。

尽管后来才旦卓玛的艺术成就越来越高，但她从未因此间歇为人民的

歌唱。只要有慰问人民和边防战士的演出，才旦卓玛总是二话不说，打包就走，只要人民喜欢她的歌唱，她就会不顾疲惫热情洋溢地表演。

在一次走访边防哨所时，镇守边疆的小战士们看到才旦卓玛老师的到来，兴奋喜悦的心情溢于言表，才旦卓玛见此情景，一连为他们唱了八首歌。她知道边关条件艰苦，战士们是在承受着常人难以想象的困苦，在这里为祖国和人民扛枪站岗，所以才旦卓玛要用歌声，用自己的博爱，鼓舞和激励他们。

深入基层的才旦卓玛，她的歌唱随着思想境界的升华更加炉火纯青。每一首歌的传送，都凝结着她对家乡人民抚育之恩的感念。就是在这样的水乳交融中，才旦卓玛从一名藏族歌手上升成为了人民心中尊重和爱戴的歌唱家。

然而，才旦卓玛为人民为音乐的奉献和追求并没有就此止步。

1994年，才旦卓玛将自己几十年来的政府津贴、演出费用和广告收入等一起贡献出来，建立了"才旦卓玛艺术基金会"，想把这些钱用来培养西藏歌唱者，大力弘扬和传承民族文化。

在鼓励新人的时候，当年周恩来总理的那一番话，再次响彻在才旦卓玛的脑海。她把这种民族精神的意志传递给了西藏歌唱事业的新生一代。"希望年轻的藏族文艺工作者能够保存、保护好自己民族的东西，在此基础上提升民族的特色，为西藏和全国人民服务。"

时光荏苒，如今的才旦卓玛已经双鬓斑白，但她仍旧致力于为人民培养新一代歌手的事业。才旦卓玛用几十年的实际行动，完成了党和人民的重托。她无愧于人民歌唱家的光荣称号。

在歌唱事业上赢得掌声,需要一副好嗓子;在艺术道路上赢得尊重,需要一副热心肠;在人生追求上赢得胜利,需要一颗纯净心。人生的关键,重在选择。

知识链接

酥油茶

酥油茶,藏族的一种饮料。多作为主食与糌粑一起食用。这种饮料用酥油和浓茶加工而成。先将适量酥油放入特制的桶中,佐以食盐,再注入熬煮的浓茶汁,用木柄反复捣拌,使酥油与茶汁融为一体,呈乳状即成。与藏族毗邻的一些民族,亦有饮用酥油茶的习惯。

才旦卓玛

■ 绿叶对根的情意

　　毛阿敏凭借一曲《绿叶对根的情意》红遍中国大江南北,并在南斯拉夫国际音乐节上荣获表演三等奖,为当时的中国流行音乐在国际流行音乐盛典上赢得了一席之地。

　　高亢悠扬、收放自如的声音,演绎出了绿叶对根无尽的感激和牵挂之情。时隔多年,用历史的眼光来审视这首大气磅礴的歌曲,竟然发现它似乎唱出了毛阿敏起伏跌宕背后的去留取舍。

　　"不要问我到哪里去,我的心依着你;不要问我到哪里去,我的情牵着你。"简单的歌词,不简单的心情,毛阿敏深有体会。她结束异国他乡的生活,在恩师谷建芬的鼓励下回国继续发展,就是基于这样一种绿叶对根的浓情厚意。

　　世间的巧合常常如此。岁月作为一颗纽带,将人生的故事串联在一起,经过思维的分门别类之后,把不同时代精华的片段凸显出来,让它们深深地相互呼应。

　　相比回归,回报是一种更高层面的情意。

　　2010年4月,玉树发生7.1级地震,中央电视台举办了大型赈灾晚会,为灾区水深火热的同胞募集善款。在中央电视台预定的晚会方案里,毛阿敏原本是担任歌曲《呼唤》的演唱者,可后来却被殷秀梅和韩磊所替代。原因是毛阿敏当时没有在直播现场,而是在前往直播现场的路上。

　　刚从潍坊风筝节参加完压轴演出的毛阿敏,争分夺秒地和时间赛跑。

我的未来不是梦

得知当时已经没有飞回北京的航班,毛阿敏果断决定包下一架商务飞机,心急如焚地往回赶。她脑海里的目标特别明确,自己一定为灾区人民做点什么。

或许当时少有人了解,毛阿敏复出以后一直处于低调的半隐退状态,几乎不参加商业演出,所以她在歌唱事业方面的收入,相比同等级别的歌手来讲,实在是少之甚少。毛阿敏在 2006 年分娩的时候,选择的是上海最平民的医院,为此她曾经被很多人嘲笑。尽管毛阿敏不以为然,但她的现实情况多少会从这件事情里看出一些端倪。

即便是这样,毛阿敏依旧毫不犹豫地掏腰包,包下商务飞机义无反顾地赶到了赈灾晚会的现场,并且捐出了 100 万元人民币。很多细心的人都记得当时的场景,毛阿敏手里拿着一个薄薄的信封,迅速投入捐款箱中,在摄像机镜头面前没作片刻的逗留,也没有任何作秀的姿态。

在那一个瞬间,毛阿敏有着令人惊鸿一瞥的美丽。不是捐款的数额和低调的处事增添了她的光辉,是她那片绿叶对根的情意晕染着她的光彩。

抗震救灾,慷慨解囊,毛阿敏并不止这一次。在 2008 年的汶川地震发生后,毛阿敏带病参加赈灾晚会,同样捐出了 100 万元人民币作为赈灾款。

作为中国流行乐坛最顶尖的歌手,作为谷建芬老师最得意的门生,毛阿敏身上闪耀无数光环,可现如今都被她遮隐了起来。能够在媒体或公众面前见到她身影的场合,往往是义演、公益歌曲和公益电影的录制现场。

除了毛阿敏本人,或许谁都无法懂得她现在的低调和收敛,但时光雕琢下的毛阿敏,此时如绿叶一般奉献自己,回报对根的种种情意,每个人都很容易便能感受得到。

用音乐去打动民众的心灵,用行动去感染民众的精神。这就是毛阿敏,一首唱红"绿叶情怀"的歌唱家。

逐梦箴言

　　如果不是毛阿敏的歌迷,恐怕没有多少人知道她如此大方而又如此低调的公益壮举。一个人,当他(她)事业与修养达到一定境界之后,或许言谈举止有异于常人,但其情唯真,其意唯美。人生如此,善莫大焉。

知识链接

毛阿敏

　　毛阿敏,1963 年 3 月出生于上海。1987 年在南斯拉夫国际音乐节上以一首《绿叶对根的情意》获表演三等奖,是首位在国际流行歌曲大赛中获奖的中国流行歌手。而且自 1987 年开始,她先后多次在中央电视台的春节联欢晚会中表演,备受好评,而所演唱的歌曲亦广为流行,成为中国流行歌坛顶尖的实力派歌手。她以深情、婉转、大气的唱法,高贵、端庄的形象成为中国流行音乐的代表人物,她开创了中国流行歌曲的大歌时代,被公认为内地歌坛的大姐大。

谷建芬

　　谷建芬,当代著名女作曲家。祖籍山东威海市。1935 年出生于日本大阪。1941 年回到祖国。1950 年,谷建芬考进旅大文工团担任钢琴伴奏。1952 年入东北音专(现沈阳音乐学院)主修作曲。1955 年毕业后,分配到中央歌舞团(现中国歌舞团),主要从事舞蹈音乐创作。代表作品:《年轻的朋友来相会》《清晨,我们踏上小路》《思念》《烛光里的妈妈》和电视剧《三国演义》插曲。

我的未来不是梦

■ 爱的致意

在美丽的七彩云南，有一群孩子怀揣着音乐梦想，他们时常幻想着在落日的余晖下，坐在草坪上弹着吉他唱响自己的青春。可现实生活的窘境却时刻在提醒着他们，这仅仅是个梦想，遥不可及。

这群孩子是丽江民族孤儿学校的学生，特殊的生活经历让他们过早懂得了命运的多舛，所以他们不敢有过多的奢望，平日里只是拿着枕头、扫帚假装乐器来延续着自己心中的梦想。

在听闻这些孩子的故事以后，李晖的心被弹拨得有些疼痛。她当即决定要为孩子们做点事情。应该用一种什么样的方式完成这些孩子的心愿？既能帮助他们实现梦想，又能为他们孤苦无依的心灵带来温暖的希望，李晖陷入了久久的思考。

深思熟虑过后，李晖认为目前适合孩子们学习，并且轻便易运输的最佳乐器是吉他，于是她把购买和挑选吉他的重任交给了自己。为了保障吉他的品质，李晖特意飞往盛产吉他的福建，亲手挨个为孩子们挑选。

当200把崭新的吉他，从李晖的手中运到丽江民族孤儿学校的时候，孩子们沸腾了，雀跃了，一双双小手轻轻在吉他上抚摩着，每一下抚摩都表达着他们对李晖姐姐无限的感念，感谢她为自己带来的这份爱的礼物。

把最适合的东西送给最需要的人，是李晖多年来致力慈善事业遵循的原则。丽江民族孤儿学校这群孩子的200把吉他，仅仅是李晖播撒爱心的缩影之一。在自然灾害肆虐的这些年里，几乎每一处慰藉人心的赈灾晚

会,都缺少不了这位"中华爱心大使""中国扶贫大使"的身影。

　　义演募捐,对于李晖来说是起码的义务,更多时候她会把自己的收入,连同一片炽热之情,奉献给需要帮助的人们。

　　2008 年 5 月,那场震撼世界的灾难降临到了中国川滇一带,每一个中国人的心都跟着灾区水深火热的同胞共同震颤着。李晖作为一名部队文艺战士,深深懂得自己身负的使命和职责。她带病参加完中央电视台主办的赈灾晚会过后,主动请缨要求随同慰问部队前往重灾区。

　　2600 百里的行程,李晖由于连日的劳累一直呕吐不止,可强大的精神动力支撑着她继续坚持。在甘肃慰问演出的那段日子里,李晖和战士们一起睡帐篷,搭地铺,无论多么艰苦的环境都影响不到她每一次激情饱满的歌唱。她要用最动听的歌声,最淳朴的情感,为灾区人民传递着全中国众志成城抗震救灾的信心和力量。嗓子哑了,身体不适了,各种各样的情况都无法影响李晖的坚守,轻伤不下火线,因为她知道自己是人民子弟兵,是人民的青年歌唱家。

　　多难兴邦,李晖希望自己能够成为一股坚实的力量,在祖国和人民需要她的时候,不遗余力地贡献。所以,李晖忘记了自己,忘记了疼痛。

　　在这场考验国人民族精神的灾难平稳度过以后,李晖回归到了原来的生活。她依然用宛如天籁的歌声传递着音乐的魅力,依然用无疆大爱温暖着在贫困、疾病、灾难之中挣扎的人们。

　　尽管鲜有人知道她曾经给残疾儿童做心理疏导,赠送假肢的故事;尽管很少有人在意她曾经在 2007 年冰冻灾害时分别以全国青联委员、中央电视台演员、北京军区战友文工团团员之名义捐款达十万余元……可李晖并不在意,她只想在匆匆的人生岁月里,做出没有遗憾的选择。

在长期的相互感知中逐渐堆积起来的,类似亲情或者就是亲情的感觉,就是爱。这是爱的本义,更是慈善的目的。发自肺腑才能身体力行,无欲无求才能光彩照人。这是行动的根本,更是为人的本分。

丽江

丽江,是个多义词,可能指"丽江市",也可能指"丽江古城",也可能指已经撤销了的行政建制的"丽江纳西族自治县"。

李晖

■ 你的爱无处不在

"影响中国·第九届中国时代十大新闻人物"的颁奖典礼上，中国音乐界出现了第一位获此殊荣的人物。她就是刘媛媛，一位以歌唱主旋律而闻名全国的青年歌唱家。

能够在钓鱼台国宾馆，从全国政协副主席手中接过这份沉甸甸的荣誉，是对刘媛媛"为祖国为人民为美好生活永远歌唱"誓言的又一次褒奖。

在刘媛媛的博客里，这样一次隆重盛典的现身，只有寥寥数字的记录，几乎像是被一笔带过。她的文字更多专注于各地区的贫困儿童和公益事业。

"我问大家六一儿童节有什么心愿，孩子们表示很想吃汉堡包套餐。于是活动结束回京后，我托当地的朋友在六一儿童节前夕，将 200 份汉堡包套餐送到每一个孩子的手上。"这是在福州市盲人学校慰问归来，刘媛媛在博客中写下的一段文字。

无论演出任务多么繁忙，承诺孩子的事情一定会做到，不能把公益当成作秀，更不能伤害了孩子的情感，这是刘媛媛的准则。

刘媛媛这份细腻质朴的爱心，在中国的老区、贫困山区和少数民族地区四处遍布。孩子是刘媛媛心中最柔软的牵挂，执着于公益事业的她已经资助了上百名贫困儿童。

对于不同家庭状况的孩子，刘媛媛会采用不同的资助方式。看到那些遇到暂时困难的孩子，刘媛媛会选择一次性捐助现金；遇见家庭长期贫困的孩子，刘媛媛会按时邮寄生活费和学费……

每次看到孩子因为自己的帮助而露出笑脸的时候,刘媛媛在欣慰的同时,总是说:"为他们做什么都是值得的,只怕做得太少。"

因为担心做得不够多,所以刘媛媛一直在坚持不懈地继续努力着。在韶山小学,刘媛媛掏出腰包请学校为孩子们更新厨具和餐具;在新疆,刘媛媛给孩子们送去了学习用品,并义务给喜欢唱歌的同学们上着公益音乐课……

孩子是祖国的未来,刘媛媛害怕这些勤俭懂事的孩子,输在了起跑线上。

因为长期致力于公益事业,刘媛媛与无数荣誉缔结了善缘。各种慈善大使、形象大使和爱心大使的桂冠,都落在了刘媛媛的头上。这对于她来说,是鼓励,更是鞭策。

很多公益广告和公益项目的策划者,正是看到了刘媛媛身上闪耀的这种慈善光辉,所以纷纷向她抛来了橄榄枝。只要是这样服务大众的工作,刘媛媛从不犹豫,她会推掉很多原本计划内的工作,全力以赴为公益贡献自己的每一分能量。

作为公众人物,刘媛媛的身体力行会打动多少漠然的灵魂,她并不知道,但她会一如既往地做下去,感染大家尽其所能地投身公益。

在助残日那天,刘媛媛怀着沉重的心情,在博客中这样写道:"今年516世界助残日,让我们关注一组数字:汶川截至当年 6 月 17 日,死亡 69185人,失踪 18467 人,伤 374171 人……大自然的力量是无可抗拒的,我们不能改变自然规律。但是中华儿女敢于面对悲痛后的种种考验、社会责任。榜样的力量是无穷的,我自己也身体力行这样做起,我们的民族不能有民族精神的残缺,不能因为自然不可抗拒的力量剥夺了我们的身体,又剥夺了我们的精神意志。"

刘媛媛的这篇文字,告白着她的心,也展现了她大爱的灵魂。《你的爱无处不在》,刘媛媛曾经那首荡气回肠的歌,正应和着她今天投身公益事业的步伐。

逐梦箴言

　　品德和艺术的修为相辅相成,交会贯通。一个真正受人爱戴的艺术家,通常德艺双馨。由此,我们也得以理解,主旋律在刘媛媛的歌声里何以荡气回肠,通天接地。

知识链接

刘媛媛

　　刘媛媛,苗族。著名青年女高音歌唱家。国家一级演员,代表歌曲有《五星红旗》《国家》《民生》等,凭借她出色的演唱,被誉为"红旗歌手"及"中国新时代主旋律歌唱家的代表"。

刘媛媛

我的未来不是梦

● 智慧心语 ●

月儿把她的光明遍照在天上，却留着她的黑斑给它自己。

——泰戈尔

如果人仅仅为自己劳动，也许他能够成为著名的学者，伟大的智者，卓越的诗人，但是他永远也不能成为真正完善和真正伟大的人。

——马克思

你若要为你的意义而欢喜，就必须给这个世界以意义。

——歌德

你自己和你所有的一切，倘不拿出来贡献于人世，仅仅一个人独善其身，那实在是一种浪费。

——莎士比亚

你要记得，永远要愉快地多给别人，少从别人那里拿取。

——高尔基

第九章

歌声与梦想

◦导读◦

　　歌行人间,超越凡俗生活;声动寰宇,留住世间情爱;传天地神奇,寻至善至美;启灵秀心性,逐华丽梦想。让我们为梦想而歌,为生命放歌!

■ 永不落幕的歌声

静歇在夏日正午,蝉声鸣切,沿着地平线那方远山的弧线,勾勒出天地迷蒙的轮廓,世间的灵光都在这一帧静默的风景画中闪耀。随着匆忙袭过的清风而来的,是那些仿若从远古哼唱至耳廓的神奇歌谣,在灵光中挪转着身形,悠然来往,却又消失于白云边际。

音乐,难以用文字完美诠释。因为音乐本身就充满性灵,无论是歌者,还是作曲家,往往都是在灵光一闪的一刹那将其捕获,并用尽其才华与精力,才跨越时代与空间的隔断,给听者留下了人类最抽象、最唯美的听觉享受。音乐难以诠释,但我们可以借助那些创造了这些美丽音符的音乐人,从他们身上窥探音乐真正的模样,探秘音乐的灵魂所在,并试着去探寻人类最初的梦想。

"岁月流逝……人生的大河中开始浮起回忆的岛屿。先是一些若有若无的小岛,仅仅在水面上探出头来的岩石。在它们周围,波平浪静,一片汪洋的水在晨光熹微中展布开去。随后又是些新的小岛在阳光中闪耀。"罗曼·罗兰在《约翰·克里斯朵夫》中将人生悬浮于波涛之上,记忆在居无定所的荒岛上流浪。当人老去,顺着记忆打捞人生的时候,我们这些凡俗中生活的人们,是否也会有一座在"阳光中闪耀"的小岛供我们停留?

最接近天堂的歌者——安德烈·波切利,上帝关上了他的双眼,却依靠他的歌声让世人寻找天堂的入口;最动人的灵魂抚慰者——恩雅,用她

我的未来不是梦

颠簸流离的少女时代,换来如清水涤荡之后袒露生命原初本色的歌声慰藉生之灵魂;最清澈无染的高原格桑花——格桑梅朵,在天边牧羊,在雪域放歌,用质朴的歌声击撞利欲熏心的现代人性;最澎湃的世纪摇滚歌王——迈克尔·杰克逊,历经时代的赞誉与毁谤,鲜花与毒箭,用最摇滚的声音唱着最温暖人心的情歌……

正因为在这个世上,有着太多不可摹仿的榜样,不可超越的顶峰,才使我们的凡俗生活,偶尔被超凡脱俗的光芒所照亮,才会高山仰止,想要不断向上攀登,追求卓越。歌者行于人世,也经历着人间林林种种的波折与磨难,历史涡轮的强力冲击、生不逢时的孤独凄凉、年老力衰的生理缺憾、哭笑不得的命运捉弄……但是,这些似乎成为了他们永远的财富,我们无以理解的是,有些苦难竟变成了励志的歌儿,甚至成了欢乐颂的基调,似乎,也只有真正经历了这些绝境,才会明了生命中最灿烂的光明。

衰老的过程是冷酷无情的。你会看到一树梨花在一夜春雨之后开满枝头,团团簇簇,香气怡人,但你也会看见"东风无力百花残",风雨中谢落的凄零残瓣;你会看到笑靥如花、身形婀娜的妙龄少女,走向鬓发苍白、容颜不再的衰老。衰老是无以挽回的,梨花谢幕还有新春,容颜丧失却无以再来,而歌者,却可以在岁月流逝中掌有一种保留,那便是在岁月中歌唱,在歌唱中长青。

黄土高原上的银铃——贠恩凤,歌声穿透黄土高原的千沟万壑,在岁月的磨砺中愈发清脆,让国人一唱百和;愿为唱歌去流浪的女高音歌唱家——刘淑芳,直上云霄的嗓音,激越千石,卷起情感澎湃,而今年逾八十仍高唱不休;西藏圣域中的求索者——才旦卓玛,流云般飞逝的光阴,并没有让她的声音湮没消沉,反而穿越屏障千重直指人心;七彩云南的"玉鸟儿"——杜丽华,将云南那片宁静浪漫的天地糅进她的嗓音,让她在音乐中获得"重生",带我们穿越时空回首阿诗玛的神采……

人类学家卡西尔把文化看作是对生命的充实,是生命的具体性的展开,是自由的、逐步推动自我解放的活动。音乐,是人类最美丽的词汇之一,作为文化的一部分,它是对生命的丰满与滋润,是人类获得完全自由的

途径，并且是人类获得自我解放、甚至可以救赎他人的完美工具。它可以留住世间的真挚情爱，千百年传唱而至，依然动人心弦。远古的回响，带着人类共通的情感符码，可以在任何时刻、任何地点击中人心，激荡情怀。

天地有大美而不言，音乐虽言却含情微露，与天地灵秀一道，幽幽然，清切切，昭示着世间的至善至美。音乐似湿润的露水，让严酷的现实温和起来，变得可以忍受。它让天地神奇有所声传，它让生活有了深度，它让人生有了色彩，它将你带向别处，在那里，所有事物都能显得如此迷人。

花腔女高音歌唱家——周小燕，周游欧洲，采撷艺术硕果，博采众长，勤学钻研，终成国际一流歌唱家；胸中激荡着川江号子的男子汉——吴国松，嘉陵江畔的涛水浪波、黑黝黝的纤夫、震荡天地的劳动号子，时刻让他充满豪情；中国新雅乐的代表人物——哈辉，借上古经典，演绎当代传奇，婉转柔美的天籁歌声似从远古飘来，令人心境怡然，灵魂飞升；百变天后梅艳芳——人们不会忘记她身着婚纱手握话筒的悲情落幕，不会忘记她笑靥如花，对生命有着无限眷恋与不舍的哀婉……

那一曲曲、一段段荡气回肠、回环往复的人间妙音，蕴藏着天地神韵，饱含人世的春夏秋冬、寒暑冷暖，也携带着人类对至真至善之美的祈祷与追寻。只要有真情，人类的音乐就不会丧失新意，因为它有着源源不断的活水源泉，因为它依托着人类最初的困惑，和最后的皈依。

岁月无情，无情的岁月让人憔悴心伤。但当岁月沉淀下来，时光筛掉泥沙，温暖的夕阳染红天边的彩霞。那一抹旧日的色彩往往会让我们新生安稳。歌声可以穿越时空，在寰宇苍穹间环绕，世间的真情实意也会沉淀在歌声当中。嗓子是肉做的，两片薄薄的声带也并无多少力量，但从这里升腾出来的歌声，却可以带着千斤重量扑面而来，又以最温柔的方式触碰到我们内心中最柔软的那一部分，深刻留在我们的记忆当中。

■ 灵魂的栖息地

音乐,是灵魂的诉说。

世间最美好的东西,无法用眼或手触及,而得用心灵去感受。音乐便是需要用心、用灵魂去感受,且不必急于说出你的心得,就让它在你的内心当中回响,成为你记忆的一部分,成为你灵魂得以安息的一方静地。

音乐的世界,如同浩瀚的海洋无边无际,每一次翻涌而起的波涛白浪,都会带来一次精神的震荡和听觉的享受。音乐家,这个世界上最幸福的人之一,他们似乎能够听到天地的呼吸,世界的心跳,以及人类的每一次欢呼、每一声叹息。他们捕捉到了音乐的精灵,哪怕耗尽毕生也毫不惋惜,因为在他们心中,音乐是圣洁的、崇高的,仿佛是人类最初的婴儿的梦一般,需要精心呵护,需要不断浇灌,需要相守相依。音乐,带着无限的悲悯俯视众生,慷慨地成就了许多人的辉煌,而孱弱的人类,也在音乐中获得救赎、希望和梦想。

年轻人啊,生活才刚刚露出了它的模样,生命的华彩乐章也才刚刚敲响了序曲,此刻,请不要浪费你宝贵的青春,用你那健壮的身躯挑起梦想的重担,不屑命运的嘲讽与捉弄,勇敢前行吧!

年轻人啊,有人这样告诫我们,"有些人毕生追求的就是有些人与生俱来的。在生命完结的时候,有些人得到了他们毕生追求的东西,有些人却失去了他们与生俱来的东西"。所以,请不要浪费你与生俱来的天赋,世间本是荆棘遍地,请鼓起勇气,勇敢前行吧!

　　年轻人啊，人生在天地之间本来可选择的就不多，譬如春夏秋冬就不由你嫌寒恨暑，只喜欢春天或秋天。但是，你可以使四季都成为好时光。如果你热爱音乐、热爱文学、热爱自然万物……就请你快一点做出选择，为一个可以奋斗一生，且能够让自己获得幸福的目标，勇敢前行吧！

　　人啊，似乎只有经历过千般磨难、万种挫折之后，才会懂得人生的奥秘，窥探见生命的真谛。而音乐，在文字、绘画、舞蹈等艺术门类之外，更为细腻多情地展现着这个世界，更为曲径通幽般地进入人类的精神空间，音乐似乎更懂得人类的悲苦欣喜，从不直白明言，而是以优雅的音符、流淌的旋律慰藉着世人，它与灵魂靠得最近。

　　柏拉图相信，灵魂是不死的，它能忍受一切恶和善。那就让我们永远坚持走向上的路，追求正义和智慧，获得一个纯粹、清透的人生吧！

● 智慧心语 ●

世界上最幸福的事情是彻彻底底地了解自己人生的追求和梦想,并依托自己天性的才华,让自己的梦想得到实现,让自己的才华得到彰显。

——杜士扬

一个有事业追求的人,可以把"梦"做得高些。虽然开始时是梦想,但只要不停地做,不轻易放弃,梦想能成真。

——虞有澄

没有信仰,则没有名副其实的品行和生命;没有信仰,则没有名副其实的国土……

——惠特曼

美的事物在人心中唤起的那种感觉,是类似我们当着亲爱的人的面前时,洋溢于我们心中的喜悦。

——车尔尼雪夫斯基